SCHUTZRAUM
SEIT DEM 7. OKTOBER

Schutzraum
Seit dem 7. Oktober

Herausgegeben von
Oded Wolkstein
und Maayan Eitan

im Auftrag vom The Israeli
Institute for Hebrew Literature
in Kooperation mit dem
Institut für Neue Soziale
Plastik

Gefördert im Rahmen des Bundesmodellprojekts

chasak! INSTITUT FÜR
NEUE SOZIALE PLASTIK

Gefördert vom   im Rahmen des Bundesprogramms

 Bundesministerium
für Familie, Senioren, Frauen
und Jugend   Demokratie *leben!*

Mit Kofinanzierung von und in Kooperation mit

    Bayerisches Staatsministerium für
LAND BRANDENBURG   Familie, Arbeit und Soziales
Ministerium für Wissenschaft,
Forschung und Kultur

BÜRGERSTIFTUNG
BARNIM UCKERMARK

Die Veröffentlichung stellt keine Meinungsäußerung des BMFSFJ oder des BAFzA dar. Für inhaltliche Aussagen tragen die Autorinnen und Autoren die Verantwortung.

INHALT

Vorwort 7
Oded Wolkstein

Shelter, Schutzraum, Resonanzraum 13
Stella Leder

Schloschim (aus dem Tagebuch) 19
Joshua Cohen

Die Begegnung 35
Dror Mishani

Süßer Travelogue 47
Elisa Albert

Geld 59
Maayan Eitan

Die Fahrt 67
Asaf Schurr

Minuten, Stunden, Tage 75
Tehila Hakimi

Justin Trudeau 87
Oded Carmeli

Vor dem Massaker 95
Maxim Biller

Einladung an die Trauer 103
Yaara Shehori

Kollision 111
Aryeh Attias

Autorinnen und Autoren 117

VORWORT

„Nach außen hin beginnt die große Maschine sich in Bewegung zu setzen, aber im Inneren geschieht etwas anderes. Dort steht die Zeit still."
Yuval Plotkin, *Haaretz*, 1. November 2023

Im Laufe seiner Überlegungen zu Traumatisierung führt Freud folgendes Beispiel an:

„Es ereignet sich, dass ein Mensch scheinbar unbeschädigt die Stätte verlässt, an der er einen schreckhaften Unfall, z. B. einen Eisenbahnzusammenstoss, erlebt hat. Im Laufe der nächsten Wochen entwickelt er aber eine Reihe schwerer psychischer und motorischer Symptome, die man nur von seinem Shock, jener Erschütterung oder was sonst damals gewirkt hat, ableiten kann.

VORWORT

Er hat jetzt eine ‚traumatische Neurose'. Das ist eine ganz unverständliche, also eine neue Tatsache."[1]

Anhand dieses Beispiels beschreibt Traumaforscherin Cathy Caruth den Kern des Rätsels, das das Trauma umgibt: Der Mensch kommt scheinbar „unbeschädigt" davon, ohne jeden Kratzer. Das Ereignis hat kein Wundmal auf ihm hinterlassen, sich nicht in sein Fleisch und noch nicht einmal in seine Psyche eingeschrieben. Fast ist es so, als wäre der Mensch nie dort gewesen. Doch gerade diese Tatsache ist der Ursprung der traumatischen Wunde. Hätte das Opfer des Unfalls wenigstens einen Kratzer davongetragen, würde dieses Mal auf seinem Fleisch jenen traumatischen Moment signifizieren; und es würde möglich, das Geschehene im Ich der Gegenwart zu verankern, am Bildrand des Unfalls die Inschrift „Ich war dort" einzukerben. Doch das Trauma erwächst gerade aus der Abwesenheit all dessen: Das Geschehen ist derart extrem, dass schier keine Möglichkeit besteht, es zu erfahren; das erlebende Ich wird außer Gefecht gesetzt, von

---

1 Sigmund Freud (1939): Der Mann Moses und die monotheistische Religion. Drei Abhandlungen. S. 121, Verlag Allert de Lange, Amsterdam

Anfang an schreibt sich jenes Ereignis – *ohne* sich einzuschreiben - als Ort des Vergessens und der Abwesenheit ein. *Ich war, als ob ich nicht gewesen wäre.*

Trauma ist: ein fehlender Herzschlag; ein Spiegel, der nichts anderes zurückwirft als die schneidende Härte der gläsernen Oberfläche; ein aus dem Lauf der Zeit exilierter Moment; eine kahle, feuerzerfressene Stelle im Wald, auf der nichts je mehr fruchten wird. Der Schmerz, Waise vom Moment seiner Empfängnis an, ist dermaßen überwältigend, seine Wogen fluten die Welt und machen alle Versuche des Erfahrens zunichte. Er ist dermaßen extrem, er weist alle Zugehörigkeiten von sich: Er gehört zu dir und gehört doch nicht zu dir, er ist du und ist doch nicht du.

In Dickens „Schwere Zeiten" beugt sich eine Tochter über das Sterbebett ihrer Mutter. Die Tochter fragt: Fühlst du Schmerz, liebe Mutter? Und die Mutter antwortet: Ich glaube, es befindet sich ein Schmerz irgendwo im Zimmer, aber ich bin mir nicht sicher, ob er mein ist. Wie viele von uns sind sich dieser Tage schon sicher, dass der Schmerz, den sie fühlen, wirklich der ihre ist? Das Trauma reißt eine klaffende Wunde in das Herzstück unserer Existenz, eine Wunde, die nie wirklich unsere ist – sie ist zu groß, übersteigt unsere Fähigkeit, sie zu kennen; sie wird im Nachhinein in die unsichtbaren Gefäße des Vergessens gegossen. In diesem Sinne *ist* Trauma Vergessen. Statt eine unerträgliche Erinnerung vergessen zu wollen, stellt sich uns die entgegengesetzte Frage: Wie lässt sich das Vergessene erinnern?

Die meisten Israelis kamen, ganz im Freud'schen Sinne, von den Ereignissen des siebten Oktobers „scheinbar unbeschädigt" davon: Sie wurden der Herrschaft einer aus ihrem Lauf gerissenen Zeit unterworfen; der Macht einer Stunde, für die sie weder eine Sprache noch eine Zeitrechnung finden können. Die meisten sind Gefangene eines Moments, der ihre Anpassungsfähigkeiten übersteigt, der ihre Versuche, sich neu auszurichten, ins Leere laufen lässt – und gerade deshalb droht dieser Moment endlos anzuhalten. Wenn das der Fall ist – wie kann man zu einem Moment zurückkehren, den man nie verlassen hat? Wie verlässt man einen Ort, an dem man war und zugleich nicht war? Und noch einmal: Wie kann man erinnern, was auf Vergessen gründet?

Die in dieser Anthologie gesammelten Texte sind die ersten Versuche zehn israelischer sowie nichtisraelischer Schriftsteller*innen, die Wundmale jenes Moments zu kerben, in dem wir gefangen sind; sind erste Bemühungen, Zeichen der amnestischen Zeit des „Zusammenstoßes" zu hinterlassen. Die Texte unterscheiden sich zwar in Art und Stil, aber sie alle wollen eines vermeiden: Sie wollen sich nicht unter dem Dröhnen der Narrative in den Ruinen der Anerkennung einrichten. Weder versuchen sie, die zersplitterte Zeit mit heilenden Bildern zu verarzten, noch die Leerstellen mit Wortströmen zu füllen. Sie gefährden sich, indem sie über diese Zeit sprechen, zu dieser Zeit sprechen, in *ihrer* Sprache sprechen. Hier scheinen sie einen unausgesprochenen Konsens zu finden: Um über jene Stunde, in der alles stehen blieb, sprechen zu können, muss man wagen, selbst stehen zu bleiben. Da jener Moment auf Vergessen und Abwesenheit gründet, kann man sich seiner nur mit einer Sprache erinnern, in der eine Spur des Vergessens nachhallt; kann man ihn nur mit einem Ruf beschwören, der aus einem verworrenen Ort der Abwesenheit entspringt.

Manche werden sagen, dass dies schon seit jeher die Sprache der Literatur war. Vielleicht.

VORWORT

Doch es scheint, als bräuchten wir diese Sprache jetzt mehr als je zuvor.

    Oded Wolkstein
    für The Israeli Institute for Hebrew Literature

Aus dem Hebräischen übersetzt von Lucia Engelbrecht

SHELTER, SCHUTZRAUM, RESONANZRAUM

STELLA LEDER

„Der 7. Oktober war kein Terroranschlag. Er war der Beginn eines neuen globalen antisemitischen Krieges, in dem alle Juden angegriffen werden."

Esther Schapira, *Jüdische Allgemeine*, 17. April 2024

Das Zitat der Journalistin Esther Schapira beschreibt, was viele Jüdinnen und Juden auf der ganzen Welt seit dem 7. Oktober 2023 in unterschiedlich ausgeprägtem Maße empfinden – nicht nur die Sorge um Israel, sondern auch die Unsicherheit jüdischer Existenz in der Diaspora.

Für Jüdinnen und Juden in der ganzen Welt war der Staat Israel ein emotionaler Schutzraum, für manche gar eine „Lebensversicherung". Wenn man in der eigenen Heimat gefährdet wäre, war da immer noch Israel, das einem Schutz bot. Ich schreibe in der Vergangenheit und erschrecke selbst dabei. Bis zum 7. Oktober 2023 war Israel dieser sichere Hafen. Aber die Botschaft der Hamas war eindeutig und wurde von den Adressaten verstanden. Die Adressaten waren in erster Linie der Staat Israel und alle seine Bürger*innen und in zweiter Linie Jüdinnen und Juden außerhalb Israels: „Für euch gibt es keinen Schutzraum!" Diese Aussage begleitet viele Jüdinnen und Juden auch in Deutschland als Echo seit dem 7. Oktober 2023 durch den Alltag.

Für Menschen in Israel gehören „Shelter" (engl. Bunker/Schutzraum) – wie der Titel dieser Anthologie im englischen Original lautet – zum Alltag. Überall gibt es Hinweise zum nächstgelegenen „Miklat" (hebr. Bunker/Schutzraum). Seit dem Golfkrieg 1991 muss gesetzlich in alle neugebauten Wohnungen und Häuser ein eigener privater Schutzraum eingebaut werden, der „Mamad" (hebr. geschützter Wohnraum). Menschen in Israel mussten jedoch miterleben, dass diese in der aktuellen Bedrohung und vor Pogromen keinen Schutz bieten konnten. „Das, was nicht hätte passieren dürfen" (Nathan Sznaider), hat zu einer Re-Traumatisierung geführt, deren Schockwellen auch in Deutschland und weltweit zu spüren sind.

In der vorliegenden Sammlung von literarischen Beiträgen von zehn Autor*innen finden sich unterschiedliche Umgänge mit diesem Ereignis, das eine Zäsur bedeutete, auch weil der Krieg in Gaza sich noch weiter hinzieht, immer noch über 100 Geiseln in Gaza festgehalten werden und die Bedrohung aus dem Libanon und dem Jemen beziehungsweise aus dem Iran sich weiter zuspitzt.

Der israelische Autor Asaf Schurr drückt möglicherweise einen Gedanken aus, den auch andere Autoren teilen, wenn er seine Schwierigkeiten mit dieser Anthologie beschreibt: „Ich frage mich, welchen Sinn das Schreiben, die Literatur jetzt haben soll (...) Und trotzdem schreibe ich, versuche, mich selbst davon zu überzeugen, dass es Sinn hat. (Aber welchen Sinn? Für wen? Für was? Für wann?)"

Ich persönlich bin den beteiligten Autor*innen auf jeden Fall sehr dankbar. Als mein Team und ich die Texte auf Englisch gelesen hatten, war uns klar, dass diese auch ins Deutsche übersetzt und verlegt werden müssen. Ich hoffe, dass die Texte Ihnen – liebe Leserin, lieber Leser – zumindest einen Resonanzraum bieten.

Stella Leder
für das Institut für Neue Soziale Plastik

SCHLOSCHIM
(aus dem Tagebuch)
JOSHUA COHEN

1 Wir, die Unterzeichner, werden euer Schreiben nicht unterzeichnen. Wir haben genug von offenen Briefen, Petitionen und Masturbation. Wir haben genug vom Internet, von Interpretationen und vom Tod. Wir unterstützen keinen Mord, doch wir unterstützen auch keinen Kitsch – tatsächlich rufen wir dazu auf, den Kitsch im Schlaf zu ermorden. Wir sind liberale Humanisten, die das Konzept des liberalen Humanismus oder zumindest das Recht ablehnen, die Worte „liberaler Humanismus" in den Mund zu nehmen. Wir erkennen die Existenz als Ganzes an und mit ihr jegliche Differenz, die innerhalb der Existenz existiert, und wir identifizieren uns als widersprüchliche Plurale bis zu jenem Punkt, an dem sich „identifizieren mit" verwandelt in „entschuldigen für" – außerdem entschuldigen wir uns für all die Anführungszeichen. Wir glauben an Gott nur als Voraussetzung dafür, Gott zu hassen. Wir trauern mit allen Trauernden, die unsere Trauer respektieren. Wir wollen keinen Tee, Kaffee oder „etwas Stärkeres" zusammen trinken.

    Joshua Cohen
    Joshua Cohen
    Joshua Cohen
    Joshua Cohen
    Joshua Cohen
    Joshua Cohen
    Joshua Cohen
    Joshua Cohen
    Joshua Cohen
    Joshua Cohen
    Joshua Cohen
    Joshua Cohen
    Joshua Cohen
    Joshua Cohen
    Joshua Cohen

Joshua Cohen
Joshua Cohen
Joshua Cohen

2 Ein interessanter Aspekt daran, Joshua Cohen zu heißen, ist, dass es immer jemand anderen gibt, der Joshua Cohen heißt und offene Briefe zu Israel unterzeichnet.

3 Pogrom kommt vom russischen pogromu: Vorsilbe po-, „aus, durch, hinter, nach", verwandt mit dem lateinischen „post" + gromu, „Donner, Getöse". Wie die meisten Kinder wissen, kommt der Blitz vor dem Donner (oder wir sehen den Blitz bloß, bevor wir den Donner hören). Und jetzt weiß ich – der ich mich wieder wie ein Kind fühle, hilflos, erbost –, was nach dem Pogrom kommt: ein „Postgrom", das live übertragen wird von den Bodycams der Kosaken im Dschihad.

4 Was mich überrascht, ist nicht der Antisemitismus. Was mich überrascht, ist, wie viele Versuche nötig sind, um einen Menschen mit einer Schaufel zu enthaupten.

5 Apropos Köpfe abschlagen ... das Buch der Richter.

6 Was an Richter 16 auffällt, ist, dass Samson mit Delila kollaboriert. Sie fragt ihn, wie sie ihn seiner Kraft berauben könne, und er sagt ihr, nach einem ausgiebigen Vorspiel: SCHNEIDE MEIN HAAR. Er muss ihr dieses Geheimnis nicht verraten und tut es trotzdem: Er rückt freiwillig damit heraus, sagt es nicht unter Zwang, nicht unter Folter (es sei denn, Delilas Vorenthaltung von Sex ist eine Folter). Sie lässt ihn in ihrem Schoß einschlafen und ihm die Locken stutzen. Nach der Schur ist er machtlos, wird von den Philistern gefangen genommen, die ihm die Augen ausstechen und ihn in Gaza einkerkern, wo sie ihn zwingen, Korn zu mahlen (oder, in einer anderen Auslegung, wo sie ihn zur Zucht verwenden).

7 Wie endet es? Die Philister lassen ihn zu einem Freudenfest in einen Tempel oder Palast bringen, wo er tanzen soll, und Samson tanzt, dann ergreift er die Säulen des Hauses und bringt sie zum Einsturz, wobei er sich selbst und alle anderen tötet, „sodass es mehr Tote waren, die er durch seinen Tod tötete, als die er zu seinen Lebzeiten getötet hatte".

8 Samson regierte nur ein paar Jahre länger, als Bibi regiert hat – als Bibi regieren wird. (Eine gewagte Prophezeiung.)

9 Viele der Leute auf dem Festival – so erzählte es mir ein Freund – waren high, als sie ermordet wurden – auf MDMA. Ich weiß nicht, ob dieses Detail die Sache besser oder schlechter macht. So high, dass du die Granate umarmen willst. So high, dass du die Kugel küssen willst.

10 Vielleicht ist dies etwas, das Nichtmuttersprachlern des Hebräischen eher auffällt: dass der Name der Partei Likud („Zusammenschluss") verwandt ist mit dem Wort milkud („Fallenstellen"). Dieses Wort wurde in der hebräischen Übersetzung des Titels von Joseph Hellers Roman „Catch-22" verwendet: „Milkud-22", woran Micah Goodman wiederum den Titel seiner Analyse des Sechstagekriegs anlehnte: „Milkud-67". Will uns die Sprache sagen, dass der Zusammenschluss eine Falle ist? Oder will sie uns vielleicht sagen, dass der einzige Weg zum zivilen Zusammenhalt darin besteht, in eine Falle zu tappen?

11 Das Problem (zumindest ein Problem) ist, dass das Studium der Geschichte durch das Studium der Theorie ersetzt wurde, wodurch Formen, Strukturen, Schablonen und Framings eingeführt wurden, die zu einer Gleichsetzung von Kämpfen führen, denen man die Kontexte gestutzt hat. In der Vorstellung der globalen Linken werden Palästinenser somit zu Schwarzen und People of Color, und die Israelis werden zu Weißen. Absolut irrwitzig, und trotzdem ist es auf lustige Weise tröstlich, mir meinen alten jemenitischen Vermieter in Tel Aviv als weißen Typen vorzustellen.

12 Die Dekolonisatoren haben nie viel Sinnvolles von sich gegeben. Jede Generation widerspricht der jeweiligen vorangegangenen Generation. In den 50er-, 60er- und 70er-Jahren lautete die Leitideologie der Radikalen: „Gewalt ist Sprache" – was bedeutet, dass Gewalt der rechtmäßige Ausdruck einer Person oder eines Volkes ist, dessen Worte bislang unbeachtet blieben. In den 80er-

und 90er-Jahren und bis zum 6. Oktober war die radikale Ideologie das Gegenteil: „Sprache ist Gewalt" – was bedeutet, dass die Worte, die man verwendet, Schaden anrichten können, weshalb man vorsichtig sein sollte, wie man sie verwendet, insbesondere jene Worte, die einem nicht selbst gehören, die nicht zur eigenen Identität gehören. Am 7. Oktober und danach wurde aus „Sprache ist Gewalt" sofort „Gewalt ist Sprache", und sei es nur, um das Abschlachten von jüdischen Menschen als palästinensische Befreiung zu kontextualisieren und zu rechtfertigen.

13 Ich habe eine beschämende Erinnerung an das widerwärtige, aber lustige Spiel, das einige Kinder in der Schule spielten (ich glaube, in der vierten oder fünften Klasse): zehnmal hintereinander ganz schnell die Worte „baby rape" sagen.

14 Der Hamasnik, der mit seinen Eltern telefonierte, um ihnen zu sagen, dass er zehn Juden getötet hat? Schwer vorstellbar, dass sich ein erwachsener Terrorist immer noch nach der Zustimmung der Eltern sehnt.

15 Die globale Linke stimmt jetzt mit der israelischen Rechten überein: Israel und jüdische Menschen sind identisch, ebenso wie Hamas (sowie der islamische Dschihad) und palästinensische Menschen identisch sind.

16 Ich verurteile jeden Mord an unschuldigen Menschen, weil ich ebendies bin: unschuldig im Sinne von naiv; unschuldig im Sinne von nicht wissend (aber alles fühlend).

17 Israel hat ein Krankenhaus in die Luft gejagt. Nein, es war der palästinensische Islamische Dschihad, und das Krankenhaus, das sie in die Luft jagten, war ein Krankenhausparkplatz. 500 Menschen sind gestorben. Oder es sind 50 gestorben. Außerdem gibt es ein Video davon, das aus dem letzten Jahr stammt, sowie ein Foto von den Folgen eines Erdbebens in der Türkei. Unter der Desinformation liegt die Fehlinformation; unter der Fehlinformation liegt die Information; und darunter – begraben unter den Trümmern und unter den zerstückelten Leichen der 500 oder 50 Menschen – gibt es Tunnel, in denen Geiseln festgehalten werden, alte Menschen, junge Menschen, Babys. Es ist kaum vorstellbar: Sie haben bereits einen Monat ohne Internet überlebt! Diese Glückspilze!

18 Vom Mississippi bis zum Kaspischen Meer. Vom Amazonas bis zum Asowschen Meer. Von der Donau bis zum Arktischen Ozean. Vom Nil bis zum Baikalsee. Vom Pischon bis zum Gihon. Vom Tigris bis zum Euphrat. (Sagt die Tora.)

19 Wenn es wahr ist – wie einige Freunde sagen –, dass Israel derzeit einen Völkermord begeht, dann rechne ich damit, dass ich irgendwann einmal auf einer Party sein werde (falls ich noch auf Partys eingeladen werde), auf der eine hübsche Frau (oder ein Mann, das spielt keine Rolle) am Martini nippt und sich laut fragt: „Wie konnte Khamenei das nur zulassen? Warum hat der Iran nicht die Gleise bombardiert?"

20 Unbedingt: Der Iran sollte die Gaskammern bombardieren, der Iran sollte die Öfen bombardieren, der Iran sollte die Eisenbahngleise bombardieren, falls sie existieren. Da sie aber nicht existieren, existiert eben die Ironie. (Oded Carmeli, der Dichter, sagt mir etwas wie: Bist du je mit einem israelischen Zug gefahren? Womit er vielleicht sagen will, dass kein Land tatsächlich einen Völkermord begehen kann, wenn seine Züge permanent verspätet sind, ausfallen und dann freitags bei Sonnenuntergang gänzlich stillstehen.)

21 Wenn ich gewusst hätte, dass ich so viele jüdische Menschen töten kann, wie ich will, ohne dass es irgendjemanden auf der Welt interessiert, hätte ich mein Leben bestimmt anders gelebt.

22 Sie töten nie die richtigen Juden.

23 Jener Schabbat war der dreißigste Jahrestag meiner Bar Mitzwa, ich war also ohnehin schon deprimiert.

24 „Keine Regierung war jemals in der Lage, friedlich eine Zivilbevölkerung zu regieren, die sie aus der Luft bombardiert hat", sagt mein Freund, ein Wissenschaftler, der den Zweiten Weltkrieg erforscht und der in Vietnam gedient hat. Allerdings sagt er dies mit zu viel Überzeugung.

25 Ich frage mich, ob sich jemand in Israel an Sapir Cohen alias Livnat Green erinnert. Die Sache geschah in diesem Jahr, also vor einem Jahrtausend. Sie wird als Sapir Cohen in Be'er Scheva geboren und gerät immer wieder in Pflegefamilien und Missbrauchssituationen. Um die Haut ihres Kindheitstraumas abzustreifen, ändert sie ihren Namen in Livnat Green. Sie leistet ihren Wehrdienst bei der Grenzpolizei. Sie, eine einsame Soldatin ohne Familie, bezeichnet sich nach ihrem Dienst als einsame Zivilistin und leidet unter Alpträumen und wiederholten Panikattacken, die es ihr erschweren, einen Job zu behalten. Sie tingelt von Wohnung zu Wohnung und schlägt nach einer Zwangsräumung ein Zelt vor dem israelischen Wohlfahrtsministerium auf.

26 Und jetzt bitte, der Cameo-Auftritt: Ihr Zelt erregt die Aufmerksamkeit der Medien, und der damalige israelische Verteidigungsminister Naftali Bennett lädt Livnat Green ein, in sein Haus zu ziehen. Er macht ihr Rühreier – aus irgendeinem Grund ist das ihre Haupterinnerung an Bennett, dass er ihr Rühreier gemacht hat – und er versucht, sie bei ihrer Suche nach einem Job und einer Wohnung zu unterstützen, wobei Livnat Green sich nicht helfen lässt. Sie hat Stimmungsschwankungen und Depressionen. Sie hat auch Erfahrungen mit Drogen. Im Jahr 2022 injiziert sich Tikva Saban, ihre engste Freundin – eine ihrer wenigen Freundinnen –, absichtlich eine tödliche Dosis Heroin und entschläft in Livnats Schoß.

27 Im Mai dieses Jahres schickt Livnat Green eine Nachricht an einen Jungen, mit dem sie vielleicht zusammen ist (sie ist selbst unsicher), in der sie ihn fragt, was mit einer Frau geschehen würde, die sich mit einem Hidschab oder einer Burka „als Muslimin" verkleidet und mit einer Waffe oder einer passablen Spielzeugnachbildung einer Waffe einen der Grenzkontrollpunkte stürmt und dabei „Allahu akbar" schreit. Würde eine solche Person getötet werden? Das heißt, würden einige der Soldatinnen und Soldaten, die einen der Jobs machen, denen Livnat Green am Grenzkontrollpunkt selbst nachzugehen pflegte, ihre Waffe abfeuern, um diese hypothetische Frau zu töten, oder würden sie lediglich versuchen, sie unschädlich zu machen, indem sie zum Beispiel auf ihre Beine zielten? Der Junge, der die Nachricht erhält, antwortet seiner Pseudofreundin unverhohlen: Hier geht es nicht um eine hypothetische Frau, oder?

28 Wenige Stunden, nachdem der Junge sie als selbstmordgefährdet gemeldet hat, stürmt Livnat Green mit einer muslimischen Kopfbedeckung und „Allahu akbar" schreiend den Grenzposten von Metzudat Yehuda unweit von Hebron, was Teil von Palästina ist oder sein sollte, und wird erschossen, genau wie sie es wollte.

29 Livnat Greens Selbstmord – der außerhalb Israels kaum wahrgenommen wurde und selbst innerhalb Israels im Wirbel der Proteste, die einen Großteil des Jahres 2023 prägten, schnell in Vergessenheit geriet – erscheint mir als Gleichnis dafür, wie eine labile Person oder eine Seite eine andere in einen gesetzlich gebilligten Mord verwickeln kann. Ich denke oft an die israelischen Soldatinnen und Soldaten, die – aus Angst vor der muslimischen Frau, die auf sie zukam, ohne zu wissen, dass sie eigentlich Angst vor Livnat

Green hatten – auf Livnat Green schossen und sie töteten. Oder zuließen, dass sie sich selbst tötete? Und wenn ich weiter darüber nachdenke: Ist das wirklich ein Gleichnis oder nur eine buchstäbliche Demonstration des Fallenstellens? Ich frage mich, wie sie – die Soldatinnen und Soldaten – darüber denken . . . wie sie mit dem Schrecken umgehen . . .

30 Ein Teil von Gaza besteht aus der Hamas, doch der größte Teil von Gaza besteht aus Livnat Greens – aus jungen Menschen, die durch die Umstände wahnsinnig geworden sind, die aufgrund von Versagen verzweifelt sind, die missbraucht und vernachlässigt wurden und die voranstürmen, weil sie nirgendwo anders hinkönnen als vor die Waffen, die nichts anderes tun können als zu feuern.

Aus dem Englischen übersetzt von Jan Wilm
Deutsche Erstveröffentlichung:
Frankfurter Allgemeine Sonntagszeitung, 31.12.2023

DIE BEGEGNUNG
DROR MISHANI

Es geschah in der siebten oder achten Woche des Kriegs. Ich saß in einem Café, um die Uhrzeit, da es normalerweise Luftalarm gibt. Am Nebentisch saß ein junger Mann von fünfundzwanzig oder dreißig Jahren. Er hatte die Kapuze seines Hoodys tief über den Kopf gezogen, versuchte, sich vor meinen Blicken zu verbergen. Auf sein Gesicht konnte ich nur einen kurzen Blick erhaschen, er trug einen Bart, der mehrere Wochen alt sein musste. Auf dem Tisch vor ihm standen zwei leere Coca-Cola-Flaschen. Er kam mir bekannt vor. Obwohl das sonst nicht meine Art ist, ging ich zu ihm. Als ich vor ihm stand und sagte: „Sag mal, bist du nicht ...", hob er einen knochigen Finger, schwarz vor Dreck und mit langem, schmutzstarrendem Nagel am Ende, und drückte ihn sich auf die Lippen, die, wie ich jetzt von Nahem sah, trocken und rissig waren. „Schsch … bin ich nicht", flüsterte er.

Ich nahm neben ihm Platz, ohne Erlaubnis erhalten zu haben. „Bist du sicher, dass du nicht … ?", beharrte ich. „Weil, ich verfolge die Nachrichten rund um die Uhr und bin mir sicher, ich hab dich da geseh…" Abermals bedeutete er mir panisch, den Finger an den Lippen, ich solle still sein. Und versuchte gleichzeitig, den Blick der Kellnerin zu erhaschen, offenbar, um zu zahlen und zu flüchten.

Doch ich hatte nicht die Absicht, ihn einfach so entwischen zu lassen, und machte ihm das deutlich, indem ich unter dem Tisch seinen Kapuzenpulli packte. Er sagte: „Verrat mich nicht, bitte."

Ich erhörte das Flehen, das ich in seinen Augen sah, mehr als seine ausdrückliche Bitte. „Aber dann erklär mir, wie es sein kann, dass du hier bist", bat ich. „Ich habe im Fernsehen nämlich nicht gesehen, dass männliche Geiseln schon freigelassen worden wären." Die Kellnerin kam mit meiner Bestellung auf uns zu und verharrte einen Moment vor dem Tisch, überrascht, vielleicht, weil ich unangekündigt meinen Platz gewechselt hatte. Sie fragte ihn, ob alles in Ordnung sei, ob er noch etwas bestellen wolle, aber er verneinte, und als die Kellnerin weg war, flüsterte er: „Sie haben uns nicht freigelassen. Nur ich bin hier. Aber mach daraus keine große Sache. Ich flehe dich an."

Auf der Straße schlenderte ein Paar an uns vorüber. Derweilen musterte ich ihn. Nackte und aufgeschürfte Füße. Saubere Kleidung. „Was soll das heißen, nur du bist hier? Ich verstehe nicht. Ist das ein Trick der Armee? Haben sie dich befreit?"

„Das ist kein Trick, und niemand hat mich befreit. Ich konnte dort einfach nicht länger sein. Bin erstickt. Ich musste für ein paar Stunden da raus, um Luft zu schnappen und mich zu erinnern. Also bin ich raus. Hast du vielleicht eine Zigarette für mich?"

Ich reichte ihm eine Zigarette und löcherte ihn mit Fragen, als wäre ich ein Ermittler beim Shabak, dem Inlandsgeheimdienst, oder ein Armeereporter. Aber wie genau bist du geflohen, wollte ich wissen, da die schmale Flamme eines silbernen Feuerzeugs, das er aus seiner Hosentasche gezogen hatte, sein hageres Gesicht beschien, und wann bist du entkommen, wo haben sie dich festgehalten, und unter welchen Bedingungen, und wer waren deine Bewacher? Hast du ihre Gesichter gesehen, was haben sie zu dir gesagt?

Er stieß den Rauch der Zigarette aus. Fragte dann: „Können wir über etwas anderes reden? Ich habe hier nur ein paar Stunden und will nicht an dem Ort sein, von dem ich geflohen bin. Deswegen bin ich ja geflüchtet, verstehst du?"

Noch verstand ich nichts.

„Worüber kannst du denn reden?", fragte ich, und er antwortete: „Man kann auch schweigen. Das ist gut genug."

„Ist das alles, was du gemacht hast, seit du geflüchtet bist? Hier sitzen?"

„Nicht nur", sagte er. „Zuerst bin ich am Meer langgeschlendert, das Stück vom Frishman- und vom Bograshov-Strand, das ich in Erinnerung hatte. Um den Sonnenuntergang zu sehen. Ich bin ein Herbstmensch, und der Gedanke, ich könnte seinen Beginn verpassen in dieser Höhle, in der wir gefangen sind, hat mich verrückt gemacht. Dass es keine Herbste mehr geben könnte. Nichts macht mir mehr Freude als Regen, also habe ich gehofft, es wird welchen geben, aber es fiel keiner. Danach bin ich was essen gegangen, in einem Falafelladen, der *HaKosem* heißt, weil ich ein paar Tage vor dem Krieg mit Freunden dort gegessen und es sehr genossen habe. Kennst du den?"

„Und deine Familie?"

„Ich habe sie gesehen. Von Weitem. Ich bin zum ‚Geiselplatz' gegangen, hatte aber Angst, sie würden mich erkennen. Ich bin auf der anderen Seite des Platzes geblieben und habe meinen Bruder und meine Schwester mit einem Bild von mir da stehen sehen. Und meine Mutter, die neben ihnen auf einem Plastikstuhl saß und Psalmen las. Näher konnte ich ihnen nicht kommen."

„Warum nicht?"

„Das ist zu schwer. Sie hätten mich nicht zurückgehen lassen, und auch ich hätte sie nicht verlassen können."

„Was soll das heißen, sie verlassen? Hast du etwa vor, wieder dorthin zurückzukehren?!"

„Ja." Er seufzte.

„Warum denn?!"

„Weil ich nicht allein bin dort. Es sind noch andere Leute mit mir dort, und einige von ihnen brauchen meine Hilfe. Ich rede mit ihnen und beruhige sie. Verspreche ihnen, dass wir dort lebend rauskommen. Ich erzähle ihnen, was wir machen werden, wenn wir wieder zu Hause sind, und bis dahin unterweise ich sie, wie man durch die Erinnerungsstollen fliehen kann. Ich kann sie dort nicht alleinlassen."

„Aber das ist Irrsinn, es gibt ja noch mehr … Und die Armee kann ...", stammelte ich, aber er streckte die Hand aus und legte sie auf meine, auf dem Tisch. „Ich muss zurück. Dort ist mein Platz, bei ihnen, noch. Bis wir alle zurückkehren. Und ich flehe dich an, erzähl niemandem, dass ich hier war und du mich gesehen hast. Ich bin in Lebensgefahr, wenn sie erfahren, dass ich raus war, und auch meine Geschwister würden daran zerbrechen, wenn sie hören, dass ich hier zu Besuch war und sie nur von Weitem angeschaut habe. In Ordnung? Und gibst du mir noch eine Zigarette für den Weg?"

Ich betrachte mich nicht als besonders geistesgegenwärtigen Menschen und habe auch keine allzu schnelle Auffassungsgabe. Insgeheim weiß ich: Hätte ich mich oder meine Familie an jenem Schabbat verteidigen müssen, hätte ich versagt. Aber in jenem Augenblick wusste ich, was ich zu tun hatte. „Warte einen Moment", sagte ich zu ihm. „Ich kaufe dir schnell am Kiosk gegenüber ein, zwei Schachteln Zigaretten, damit du welche dorthin mitnehmen kannst. Welche Marke rauchst du?" Er ließ mich nicht aus den Augen, als ich aufstand und über die Straße rannte. Als ich tief genug in dem Kiosk stand und seinem Blick entzogen war, rief ich die Polizei an. „Ich habe in einem Café in Tel Aviv einen der Entführten gesehen", sagte ich zu der Beamtin in der Notrufzentrale, bemüht, wieder zu Atem zu kommen.

„Wen?"

„Einen der Entführten. Er ist von dort geflohen, hat aber vor, wieder zurückzukehren. Sie müssen mir helfen, ihn aufzuhalten."

„Wo ist er jetzt?"

Ich gab ihr die Adresse des Cafés.

Als ich die Straße wieder im Laufschritt überquert hatte, war er natürlich nicht mehr da. Er war auch nirgendwo sonst auf der Straße zu sehen, und die Kellnerin konnte oder wollte mir vielleicht keine Antwort geben, als ich sie anschrie und fragte, ob sie gesehen habe, wohin er verschwunden sei. Sie hatte bereits seine leeren Flaschen abgeräumt, und auf dem Tisch stand nur noch meine Kaffeetasse.

Es dauerte, bis der Streifenwagen bei dem Café eintraf. Eine halbe Stunde war vielleicht vergangen. An der langen Wand draußen, die mit den Fotos der Entführten beklebt war, zeigte ich den beiden Polizeibeamten, die aus dem Streifenwagen stiegen, sein Bild. Er war der Vierte von rechts, in der dritten Reihe. Einen Bart hatte er auf dem Foto noch nicht. Sein Gesicht wirkte erleuchtet, wie ich es für einen Moment gesehen hatte, im Schein der kleinen Flamme aus seinem Feuerzeug.

„Hier, in diesem Café, haben Sie ihn gesehen, und er hat Ihnen gesagt, er würde zurück nach Gaza gehen?", fragte die Polizistin, und ich sagte, genau so sei es gewesen und dass wir ihn vielleicht noch daran hindern könnten, die Grenze zu überqueren. „Es ist bestimmt noch nicht zu spät. Vor zehn Minuten war er hier, höchstens", log ich.

„Warum genau wollte er zurück, hat er Ihnen das gesagt?"

„Weil er dort bei den anderen sein muss. Ihnen helfen muss, am Leben zu bleiben."

Ihr Kollege, der ein langes M-16-Sturmgewehr geschultert hatte, wirkte ungeduldig, ja mir schien sogar, genervt von mir. Oder verächtlich. „Das ist schon der vierte Durchgeknallte, der meint, heute einen von ihnen gesehen zu haben", sagte er. „Als hätten wir nichts anderes zu tun in Kriegszeiten. Meinst du, jemand läuft durch die Stadt und gibt sich als Entführungsopfer aus? Wenn ja, müssen wir dem einen Riegel vorschieben. Sollen wir ihn festnehmen?" Die Polizistin schüttelte den Kopf. Ihre Vermutung war eine andere. „Wieso denn, bist du verrückt geworden?" Dann wandte sie sich an mich und fuhr mit sanfter Stimme fort: „Mein Herr, mir scheint, Sie leiden unter einer posttraumatischen Belastungsstörung. Sie sollten sich in Behandlung begeben. Außerdem wäre es ohnehin besser, wenn Sie um diese Uhrzeit zu Hause blieben. Es kann jederzeit Luftalarm geben, und das ist gefährlich."

Womöglich hätte ich ihr geglaubt, hätte ich nicht auf dem Nachhauseweg, als ich mir eine

Zigarette anzünden wollte und in der Innentasche meiner dünnen Jacke wühlte, sein Feuerzeug entdeckt, das ich aus Versehen eingesteckt hatte.

Aus dem Hebräischen von Markus Lemke

Aus: Dror Mishani: Fenster ohne Aussicht. Tagebuch aus Tel Aviv.
Copyright der deutschsprachigen Ausgabe © 2024
Diogenes Verlag AG Zürich

SÜSSER TRAVELOGUE
ELISA ALBERT

Ich hatte vorgehabt, eine Art süßen Travelogue zu schreiben. Das Rezept unserer Reise war perfekt, die Zutaten handverlesen. Meine Mutter würde mich in den Wahnsinn treiben, ich sie im Gegenzug anzicken, es würde fabelhaft werden. Zwei Generationen zankender, lästernder, symbiotischer Biester im Heiligen Land. Wir zwei, zurück an dem Ort, an dem wir einst eine verkorkste Dyade innerhalb unserer kaputten Familie gebildet hatten.

Wir hatten uns spontan für die Reise entschlossen, um den Kodex Sassoon im ANU-Museum zu sehen, dem Museum des Jüdischen

Volkes. Der Kodex Sassoon ist die älteste, am vollständigsten erhaltene Kopie des *Tanachs*, der Hebräischen Bibel. Es würde Partys geben, Festlichkeiten, eine Rede des Staatspräsidenten.

Wann kriegen wir schon je wieder eine solche Möglichkeit, fragte Mom. Rein rhetorisch. Sie ist achtzig. Natürlich nie wieder.
    Unter einer Bedingung, sagte ich: Getrennte Hotelzimmer.
    Alright, antwortete sie. Und Flüge in der Businessclass.
    Ich bin so eine Bitch, sagte ich zu meinem Ehemann.

Tel Aviv begrüßte uns mit samtener Luft. Eine Heimkehr ohnegleichen: Es war Laubhüttenfest, wir waren bei allerlei Freunden in allerlei Sukkot eingeladen. Pardes Hanna, Zichron Ya'akov, Jerusalem. Mir war schwindlig vor lauter Wiedersehen, Eindrücken, Zugehörigkeit. Jede Minute war Gold wert, wir sprachen und aßen und sprachen und aßen.
    Am vierten Tag war meine Geduld mit Mom schon derart strapaziert, dass ich mir ein Rad

auslieh und die Strandpromenade entlang nach Jaffa fuhr, wo ich auf der Wunschbrücke ein stilles Gebet sagte. Im Shuk verteidigte sich eine Dame aufgebracht, warum die wunderschönen Vintageklamotten, die sie verkaufte, so teuer waren. Ich hatte mich weder über die Preise beschwert, noch wollte ich irgendetwas bei ihr kaufen, aber ich lobte ihren Stil höchsten Tönen.

Blieb uns noch Zeit, um in den Süden zu fahren und Kibbuz Be'eri zu besuchen, wo *Saba*, mein geliebter Großvater, ab dem zarten Alter von vierzehn gelebt und die Druckermaschine bedient hatte? Vielleicht nächstes Mal. War noch Zeit, um in den Norden nach Haifa zu fahren, um eine entfernte Tante zu besuchen? Oder nach Zfat, wo ich mir mich oft selbst vorstelle, als uralte Dame mit ledriger Haut und langem grauen Zopf? Nein, dieses Mal nicht.

„Ich gehöre hierher", verkündete mein achtjähriges Ich meiner Mutter, als wir 1986 in Jerusalem lebten. Ohne jegliches Bewusstsein für Geschichte oder Politik oder Krieg oder Terror oder Besatzung oder Überleben. „Hier kann ich *ich selbst* sein." Noch heute erzählt Mom oft von dieser Unterhaltung. Die Freiheit, die ich in diesen

Monaten hatte! Die Schekel für den Bus, die Freundschaft mit dem Typen vom Laden an der Straßenecke. Das weltbeste Eis am Stiel. Endlos viele *Bisli*s, bis mir der Mund pappte. Das Symbol des gewaltsamen „Widerstands" war damals, ganz altmodisch, die Steinschleuder. Als wir nach Los Angeles zurückkamen, drohte meine Mutter, Aliyah zu machen und mich mit ihr nach Israel mitzunehmen; mein Vater verfiel in Panik und versteckte meinen Reisepass in einem geheimen Safe auf der Bank.

Die Pubertät hat mir den Rest gegeben. Ich trieb mich in der alternativen Szene herum, und in dem einen – legendären – Sommer vor der elften Klasse knutschte ich in einem Tel Aviver Club wild mit einem IDF-Reservisten herum. Mein ältester Bruder bekam einen Gehirntumor und starb, ein verlobtes Paar, das wir entfernt kannten, wurde in einem Jerusalemer Bus von einem Selbstmordattentäter in die Luft gejagt, und mein mittlerer Bruder ging auf die Hebräische Universität in Jerusalem, blieb in der Stadt, verweigerte den Armeedienst, zog wieder fort. Ich verliebte mich in einen Rabbinatsstudenten, der mir das Herz in tausend Stücke brach. War ein bisschen besessen mit Rachel Corrie. Meldete mich für einen zweijährigen Freiwilligendienst in Israel an, bekam kurz davor Muffensausen und entschloss mich, stattdessen New York zu kolonisieren und im Verlagswesen zu arbeiten. Ich wollte Glanz und Glamour. Israel war mir eine Nummer zu groß. Amerikanische Juden sind solche Schwächlinge.

Und so gingen zwei Jahrzehnte vorbei, ohne dass ich einen Fuß auf israelischen Boden setzte.

Am fünften Tag hatte ich die Geduld mit Mom endgültig verloren. Die Art, wie sie mit Servicepersonal sprach; wie sie jedes noch so kleine Detail im Leben aller zu kontrollieren versuchte: nervtötend. Ich verbrachte den Schabbat-Abend des sechsten Oktobers am Strand, ignorierte ihre Nachrichten und gönnte mir ein Festmahl bestehend aus Hummus mit Ful und einem Fay-Weldon-Taschenbuch, das ich zuvor bei *Halpers* erstanden hatte, dem sagenhaften Secondhand-Buchladen auf der Allenby-Straße.

In jener Nacht schrieb ich viel in mein Notizbuch, übermannt von Trauer. Von einer bestimmten Hoffnungslosigkeit. Von sehr, sehr altem Kummer. Sicher hatte das Reisen mit meiner Mutter einen gewissen Anteil daran. Ich schrieb viel über das, ‚woran ich glaube'. Eine Art Abrechnung mit mir und der Welt. Ich war prämenstruell.

Ich glaube, dass Glaube nicht statisch ist. Ich glaube an einen sich immerzu wandelnden Glauben. Ich glaube an Geschichten, an endlos ausufernde Geschichten. Ich glaube an 22-Grad-Wetter. Ich glaube, dass man Menschen, die einen wie das letzte Stück Scheiße behandeln, loslassen sollte. Ich glaube, dass ich das gute Recht habe, fremden Ballast nicht tragen zu wollen. Ich glaube mehr und mehr daran, nichts zu sagen. Einst glaubte ich daran, alles zu sagen. Ich glaube, dass manche Leute es niemals kapieren werden. Aber manche, glaube ich, kapieren es schon. Ich glaube an Beziehungen zu Kindern und Tieren. Ich glaube ans Gärtnern. Ich glaube an Mitleid und Verzeihen, aber auch an Distanz und Sich-Verweigern. Ich glaube, dass meine Mutter ihr Bestes getan hat. Ich glaube, dass meine Mutter eine grauenhafte Person ist. Ich glaube an die optimale Distanz. Ich glaube an besonnenes Lächeln für begrenzte Zeit. Ich glaube, dass innerlich stirbt, wer seine Gefühle unterdrückt, verleugnet oder abschneidet. Ich glaube an die Einheit von Körper und Geist. Ich glaube, dass der Tod ein

Übergang ist. Ich glaube, dass veränderte Bewusstseinszustände Zugänge zum Göttlichen eröffnen können. Ich glaube an Flucht. Ich glaube an die Ganzheit von allem. Ich glaube, dass das Kind, das mir gegeben wurde, ein Geschenk war. Ich glaube, dass dieses Kind nicht meines ist. Ich glaube, dass der Schmerz und die Trauer, die in dieser Aussage liegen, Zugänge zum Göttlichen sind. Ich glaube, dass Gewalt pure Dummheit ist, der Gipfel der Dummheit. Ich glaube an Yoga. Ich glaube, dass die meisten Menschen schreckliche Angst vor dem Leben haben, und genauso schreckliche Angst vor dem Tod. Ich glaube an Arbeit ohne den Wunsch nach Anerkennung oder Gegenleistung. Ich glaube, dass Liebe heilt. Auch wenn ich einmal weder Hoffnung noch Liebe noch Willen zum Weitermachen in mir finden sollte, glaube ich, dass eine winzige, göttliche Zartheit stets in mir verbleibt. Ich glaube an die Widersprüchlichkeit als Mittel, sich vor Fundamentalismus zu schützen. Ich glaube, dass die bekennend Säkularen in Fundamentalismus verfallen können. Ich glaube, dass Ignoranz immer und überall eine bewusste Entscheidung ist. Ich glaube, dass Wut die heftigste Form von Schmerz ist. Ich glaube, dass es schon immer zu spät gewesen war. Ich glaube daran, mein Bestes zu geben. Ich glaube an den Schabbat. Ich glaube, dass Schalom Bayit, ein harmonisches Miteinander, wichtiger als die meisten anderen Dinge ist. Ich glaube ans Lernen. Ich glaube an die Kunst. Ich glaube an die mit gebrochenem Herzen. Ich glaube, dass ich mich ändern kann. Ich glaube, dass meine Herkunftsfamilie mich fast umgebracht hat, und dass mein Überleben – so versehrt, verstümmelt und gebrochen, wie ich bin – ein Triumph ist, den teils ich, teils das Göttliche errungen hat. Ich glaube, dass Geschichte sich wiederholt. Ich glaube an Schmerz. Ich glaube, dass Bullshit am Ende immer auffliegt. Ich glaube an dehnbare Wirbelsäulen. Ich glaube ans Sich-Hinlegen. Ich glaube ans Lesen beim Essen.

Die Raketen und Sirenen hörte ich erst nach dem Morgengrauen. Sah aus dem Fenster, legte mich wieder schlafen. (Zeichen eines nihilistischen Anfalls?) Träumte, dass ich die Schulabschlussfeier meines Sohns verpasst hätte – wie konnte ich so unachtsam und dumm sein? Was hatte ich mir nur gedacht? Würde er mir jemals verzeihen? Scheinbar nicht; er weigerte sich, mir ins Gesicht zu blicken. Ich litt Höllenqualen. Wachte eine Stunde später auf, ging zum Frühstück. Hast du schon gehört, hast du schon gehört.

Gerade als ein Hafermilch-Cortado vor mich platziert wurde, ging der nächste Luftalarm los. *Alle rein, alle rein, weg von den Fenstern, auf den*

Boden, schrie ein Mann in Hotel-Uniform. In höchstem Maße abhängig von Koffein schnappte ich meinen Cortado, kauerte mich damit an die Wand und verschüttete ihn dabei auf meine schicke neue Bluse aus einem der versnobten Läden auf dem Rothschild-Boulevard.

Jetzt sind Hopfen und Kaffee verloren, witzelte ich, während ich die befleckte Bluse begutachtete. *Jetzt ist Krieg.* Dann brach ich in Tränen aus.

Hast du Angst, fragte mich Mom.

Nein, sagte ich. Bin nur schockiert und traurig.

Ich hatte keine Kraft, um weiter von ihr genervt zu sein. Das war unsinnig, fürs Erste zumindest. Wir saßen in ihrem Hotelzimmer und sahen die Nachrichten auf der höchsten Lautstärke, weil sie eines ihrer Hörgeräte verloren hatte. Das Ausmaß der Gräueltaten wurde immer klarer. Ich hatte für den Abend des siebten Oktobers geplant, auf eine Demonstration zu gehen. Das hätte prima in meinen süßen Travelogue gepasst. Aber an jenem Abend gab es, natürlich, keine Demonstration.

Ich lud mir *Zofar* aufs Handy herunter, eine Warn-App für Luftalarm, und freundete mich mit einem schönen älteren Paar aus Chicago an.

Ich fuhr mit dem Rad zum Shuk HaCarmel, den ich ganz für mich allein hatte. Ich saß auf dem stillen, betäubten Dizengoff-Platz. Ich beobachtete Militärflugzeuge, die die Küste auf- und abflogen. Ich spielte Kuckuck mit den Kleinkindern im Schutzraum. Ich setzte mich in meinem Partykleid an die Hotelbar. Warum auch nicht. Flüchtlingskinder aus Aschkelon bespaßten uns mit Zaubertricks und der russische Barmann gestand, dass er davon träumte, Drehbuchautor zu sein.

Erst als ich wieder zurück in New York angekommen war, packte mich die Angst.

Aus dem Englischen übersetzt von Lucia Engelbrecht

GELD
MAAYAN EITAN

Nach und nach drehen sich meine Gedanken immer enger um eine Sache: Geld. Am fünfzehnten Oktober wird mir klar, dass ich die Miete für November nicht werde zahlen können; einer der Kurse, den ich hätte unterrichten sollen, wurde abgesagt, ein großes Projekt verschoben, und ein Verlagshaus nach dem anderen verschließt die Türen. Die drei darauffolgenden Tage verbringe ich mit fieberhafter Herumfragerei, die keine Früchte trägt; niemand hat mir irgendetwas anzubieten. Ich beende ein Telefonat mit meiner Bankberaterin in einem Zustand blanker Panik, der das gesamte Wochenende über anhält, bis ich mich schließlich entscheide, ihr Angebot anzunehmen: Eine dreimonatige Aufschiebung der Rückzahlung meiner Kreditzinseszinsen – ein

Begriff, den ich, während ich mit der Beraterin spreche, online recherchieren muss, und der ein Bild in mir hervorruft: das Bild eines Turms, gebaut auf vielen weiteren Türmen. Nachdem wir das Gespräch beendet haben und ich alle digitalen Formulare unterschrieben habe, die sie mir zugeschickt hat, kann ich mich meiner Fantasie sogar genüsslich hingeben: Vor meinem geistigen Auge platziere ich mich an der Kante des hohen Turms, der in meiner Vorstellung aussieht wie der Turm zu Babel in dem Gemälde von Bruegel dem Älteren. Ich stelle mich mir selbst vor, auf seiner windumpeitschten Spitze, hoch über den Wolken. Und dann, dann springe ich vor meinem geistigen Auge in die Tiefe. Ich meine einmal gelesen zu haben, dass Männer häufiger Suizid begehen als Frauen, oft aufgrund ihrer Schulden.

Letzten Endes besinne ich mich wieder, schiebe das Bild von mir.

Ich erinnere mich, dass mich jemand einmal zu einem hohen, mehrstöckigen Parkhaus in den Außenbezirken der Stadt mitgenommen hat. Der Ausblick von dort oben war atemberaubend, aber alles, woran ich denken konnte, war: Wir müssen schnellstmöglich weg von hier, bevor ich der Verlockung nachgebe und springe. Meine Schulden waren damals noch nicht so hoch, und es schien mir nicht unmöglich, sie innerhalb eines oder zwei Jahren abbezahlt zu haben. Pieter Bruegel der Ältere, erzähle ich meinem Freund, hat auch *Landschaft mit dem Sturz des Ikarus* gemalt, und über dieses Gemälde hat W. H. Auden dann ein Gedicht geschrieben; jener Auden, der später schreiben würde, es sei immer besser, derjenige zu sein, der mehr liebt. Diesem Sentiment widerspreche ich ganz prinzipiell, das weiß ich; Auden, der späte Auden, liegt falsch. Aber jetzt hat es keinen Sinn, irgendetwas zu widersprechen. In der letzten Oktoberwoche nehme ich alle möglichen Minijobs an, in denen ich nachts arbeite und von denen ich weiß, dass ich meinen Freunden nicht von ihnen erzählen kann; am ersten November ist auf meinem Girokonto gerade genug Geld, um damit meine Miete zu zahlen. Aber was ich im Dezember tun soll, weiß ich nicht; ich bekomme nicht genug Schlaf und mir ist glasklar, dass ich so nicht weitermachen kann. Wenn ich am frühen Morgen völlig geschafft ins Bett falle, weiß ich nur zu gut, dass ich den Preis dafür noch zahlen werde.

Als mein Freund die schwarzen Ringe unter meinen Augen und meinen Gewichtsverlust kommentiert, lenke ich vom Thema ab. Konkret bedeutet das, dass ich ihn zum Sex verführe; und wie immer lässt der physische Akt Seele und Bewusstsein für einen Moment vergessen. Aber als wir fertig sind, geht er zu sich nach Hause. Ich liege im Bett und denke darüber nach, was ich verkaufen könnte: Ich besitze keinen einzigen Wertgegenstand. In den darauffolgenden Tagen sucht mich eine immer schlimmer werdende Abfolge häuslicher Katastrophen heim, an deren Ende ich ohne Handy sowie funktionierenden Kühlschrank und Laptop dastehe. Ich habe kein Geld, um die Reparaturen zu zahlen oder mir neue Geräte zu kaufen, aber schaffe es, ein altes Handy mit zersplittertem Display wieder zum Laufen zu bringen und mir einen Ersatzlaptop zu beschaffen. Ich überzeuge mich selbst davon, ohne Kühlschrank auskommen zu können; was habe ich schon je in ihm aufbewahrt? Mein Freund fragt mich, ob wir verreisen wollen, wenn alles vorbei ist. Ich antworte: Müssen wir unsere Träume jetzt nicht nur träumen, sondern sie auch noch erfüllen? Ich entschließe mich, von nun an alle Wege zu Fuß zu gehen, um mir die Fahrkosten für den Bus zu sparen, aber auch, weil mich das Gehen beruhigt. Die Straßen ziehen dahin und erinnern mich daran, dass ich sie liebe, dass ich diese Stadt liebe. Eine Welle der Zuneigung für die an mir vorbeigehenden Menschen überkommt mich, aber das auch nur, weil sie Fremde sind; sie stellen mir nichts in Rechnung, sie bezahlen mich nicht.

Gegenüber anderen empfinde ich immer stärker werdenden Abscheu: gegenüber meinen Freunden, die in ihren sicheren Betten schlafen, die frühmorgens für ihre noch immer benötigten Jobs aufstehen, die bei unseren Treffen gern auch die Rechnung für meinen Kaffee zahlen; gegenüber meinen Verwandten, von denen ich nur allzu gut weiß, dass sie nicht helfen können; gegenüber meinem Freund, der keinen blassen Schimmer von meiner Lage hat. Die Temperaturen werden kälter. Obwohl ich all die Sommermonate auf den Winter gewartet habe, muss ich jetzt feststellen, dass ich mich vor ihm fürchte: Zwar habe ich im Schrank eine warme Jacke hängen, aber meine Sneaker sind durchgetreten und ich weiß, dass sie beim ersten Regen mit

Wasser volllaufen werden. Die ersten Novembertage vergehen, und mit ihnen auch das Gefühl des Abscheus. Stattdessen wache ich jetzt jeden Morgen in einer dicken Wolke aus Gleichgültigkeit auf. Wenn ich nur das Geld für ein Flugticket aufbringen könnte, denke ich, dann könnte ich woanders neu anfangen, an einem Ort, an dem mich die Mahnungen der Bank nicht erreichen. Ich recherchiere im Internet: Kann man sich Versicherungs- und Rentengelder ohne Strafe auszahlen lassen? Kann man Israel mit Schulden verlassen und einfach nie wieder zurückkommen?

Das viele Gehen lässt meine Schuhsohlen dünner und dünner werden, aber ich gehe weiter. Ich muss nirgendwo hin, habe kein Ziel, das ich erreichen muss, und deshalb kann ich es mir erlauben, den Blick über die Straßen, auf denen ich einen Fuß vor den anderen setze, schweifen zu lassen: Ich mustere sie genau, jede Ecke und jeden Riss; ich sehe, dass auch die anderen Menschen etwas Ähnliches tun, und ich weiß, was sie suchen. Die Eingangstüren vieler Wohnhäuser stehen sperrangelweit offen, sogar jene Türen, die sonst immer abschlossen und sich nur mit einem den Bewohnern bekannten Code öffnen lassen; an manchen hängen Zettel mit der Aufschrift: Schutzraum. Aber ich suche keinen Schutz, im Gegenteil. Als ich an einem Nachmittag Ende November realisiere, dass ich meine Wohnung verlassen muss, packe ich ein paar Dinge in einen kleinen Rucksack: ein warmes Hemd, drei oder vier Paar Socken und Unterhosen, das Buch, das ich noch nicht zu Ende gelesen habe. Ich werfe Handy und Laptop in einen nahe gelegenen Mülleimer. Und gebe mich dem Regen hin.

Aus dem Hebräischen übersetzt von Lucia Engelbrecht

DIE FAHRT
ASAF SCHURR

Diese Anthologie widert mich an. Meine Bereitschaft, ihr einen Text beizusteuern, widert mich an. Alles widert mich an, jedenfalls ist alles widerlicher als sonst. Trauriger als sonst. Wichtiger und sinnloser als sonst, aufgeladener und düsterer. Es sollte alles verwirrend sein, aber momentan erscheint mir alles ziemlich offensichtlich.

Ich schreibe diese Worte auf dem Picknicktisch im Wäldchen neben meinem Haus. Über mir Kampfflugzeuge, in der Ferne Explosionen. Und dazwischen Bäume, Bahngleise, Vögel. Ich befinde mich im Herzen Israels und überall um mich herum ziehen die bewaffneten Nachbarn ihre endlosen Kreise, die Polizisten, die Freiwilligen der Grenzpolizei, mobile Armeestützpunkte, Soldaten, Kriegsschiffe. Als es in den trockenen

Büschen hinter mir raschelt, drehe ich mich panisch um (es war ein Salamander).

Ich habe Angst, dass mich eine Rakete trifft. Habe Angst, dass man sich an mich anschleicht und mich umbringt. Habe Angst um mein Leben, aber nicht genug Angst, um jetzt aufzustehen und nach Hause zu gehen. Habe Angst um das Leben anderer. Ich darf nicht sterben, sage ich zu mir selbst, weil meine Frau sonst allein zurückbleibt. Weil die Katzen sonst allein zurückbleiben. Weil ich gerade eben erst Virginia Woolf entdeckt und den Aufbau des Lydian Augmented Mode verstanden habe. Ich überlege, wieder mit dem Rauchen anzufangen. In der Zeitung lese ich, dass im ganzen Land zivile Wachmannschaften aufgezogen werden, und weiß, dass da draußen manche schon eifrig mit Plänen zugange sind, sie in Milizen zu verwandeln. Ich wusste, dass das geschehen würde, ich hatte damit gerechnet. Ich war dagegen auf die Straße gegangen. Es ist schrecklich und gefährlich, das weiß ich (es wird Lynchmorde, Bürgerkrieg geben). In der Zwischenzeit hab ich mich selbst einer Wachmannschaft in meinem Moschaw angeschlossen. Aus taktischen Gründen.

Ich schlafe genug, bin aber ständig in einem merkwürdigen, unerträglichen Ausmaß müde, auf eine Weise, die ich weder verstehen noch erklären kann. Ich will grauenhafte Dinge tun, Dinge, die ich mir bis ins kleinste Detail vorstelle. Das finde ich wahnsinnig befriedigend, aber wenn ich vor dem Fernseher sitze, dann halte ich nicht mal die angedeutete Gewalt in Kindersendungen aus.

Nachts steige ich ins Auto und stelle mich damit ans Eingangstor des Moschaws oder patrouilliere auf und ab, fahre vom Friedhof am Ende der unheimlich dunklen Straße bis zum Nachbarort und wieder zurück. Das alles tue ich in einer komischen Gefühlsmischung aus Ruhe und Anspannung. Mit offenen Fenstern. Früher habe ich während des Autofahrens immer Musik gehört. Jetzt nicht mehr. Jetzt will ich einfach so fahren, allein, mit dem Blick auf den an mir vorbeiziehenden Straßen. Auf diese Weise habe ich etwas zu tun, und ich bin froh, beschäftigt zu sein; wenn ich es nicht bin, dann tauchen mir Dinge vor Augen auf, die ich nicht sehen will, und von denen ich bereue, sie gesehen zu haben. Dinge, von denen es besser wäre, sie ein ganzes Leben lang nicht zu sehen; ein ganzes Leben lang nicht zu wissen, dass sie möglich sind (aber dafür ist es schon zu spät).

Ich weiß nicht, ob ich meinen Gefühlen Glauben schenken soll. Es scheint mir besser, ihnen und mir selbst zu misstrauen, so wie ich auch allen anderen misstraue (und das nur zurecht, denke ich). Ich nehme nur die heftigsten meiner Gefühle wahr, das ist mir bewusst. Auch weiß ich – oder vermute es zumindest –, dass auch der Rest der Gefühle da ist, tief in mir versunken. Eine Sintflut kam herab, und jetzt sind nur noch die Spitzen der Berge zu sehen. (Welche Sintflut? Was kam auf uns herab? Ich weiß es, aber würde es lieber nicht wissen.)

Die vertrauten Charaktereigenschaften der Menschen um mich ragen aus ihnen hervor, so als wären sie aus ihrer inneren Form geplatzt und hätten die Haut auf dem Weg nach draußen zerschnitten. Alle tragen ihr eigenes Gesicht wie eine riesige Maske: eine hervorstechende Grimasse, die man auch von den billigsten Plätzen aus sehen kann. Manchmal scheint es, als hätte ein jeder eine seiner Eigenschaften ausgewählt, um sich an ihr festzuhalten, bis die Welle bricht und alles auf die eine oder andere Weise ein Ende findet –

Hauptsache nicht untergehen. (Wer normalerweise wütend ist, ist jetzt dreißigmal so wütend, wer sich Sorgen macht, macht sich jetzt vierzigmal so viel Sorgen, wer verantwortungsvoll ist, ist jetzt fünfzigmal so verantwortungsvoll. Hundertmal so viel.)

Gewöhnlich komme ich gegen Morgen nach Hause, lege mich ins Bett und wache erschlagen auf. Ich frage mich, welchen Sinn das Schreiben, die Literatur jetzt haben soll, und die Frage ist abstoßend und beschämt mich. Jetzt zu schreiben, vor allem Literatur, scheint mir unmöglich, fast verboten, widersinnig. Und trotzdem schreibe ich, versuche, mich selbst davon zu überzeugen, dass es Sinn hat. (Aber welchen Sinn? Für wen? Für was? Für wann?)

Lesen hingegen kann ich. Überraschenderweise dürste ich danach wie schon seit Jahren nicht mehr. Scheinbar hat Lesen Sinn (jedenfalls denke ich das). Und vielleicht hat ihn dann auch das Schreiben, denn beides ermöglicht, auf Distanz zu gehen oder die Distanz zu überkommen. Es ermöglicht, alles in seiner Fülle zu sehen und zu fühlen, aber eben nicht vom Auge des Sturms und von unserem Platz darin aus. Die Sache in ihrer Gesamtheit zu sehen, alles in vollem Umfang zu fühlen, aber ohne die eigenen Verzerrungen. Zu sehen, dass wir unausweichlich zum Gewebe des Kollektivs gehören, egal, ob wir in diesem Netz Faden oder Verbindungspunkt sind, Leerstelle oder Kreuzung, Fliege oder Spinne.

Und wenn der Wind kommt und das Netz erzittern lässt, dann wanken wir und fürchten, dass es reißt. Wir beben und warten auf das Ende. Wir beben und unsere Beine stampfen im Takt: Tod, Tod, Tod.

Aus dem Hebräischen übersetzt von Lucia Engelbrecht

MINUTEN, STUNDEN, TAGE
TEHILA HAKIMI

In den Nachrichten zählen sie Tage, danach bald schon Monate. Sie zählen alle, die wir verloren haben. Tausendzweihundert. Und das Zählen geht weiter: Soundso viele Ermordete, Geiseln, im Kampf gefallene Soldaten. Die Toten der anderen Seite zählen sie auch, tausende von ihnen sind Kinder, die Zahlen sind nicht fassbar. Auch ich zähle Wochen, zähle Tage, dort in meinem Bauch, denn die fünfte Woche des Krieges ist meine elfte Woche. Laut der App ist das eine Phase des rapiden Wachstums, in welcher der Embryo innerhalb einer Woche seine Größe verdoppelt. Er wächst bis zu fünf Zentimeter, und auch Zähne und Nägel beginnen sich in dieser Woche herauszubilden. Über dreißig Kinder werden unterirdisch in Gaza als Geiseln festgehalten. Gazas Erde bebt, donnert, die Hamas feuert Raketen ab, die IDF bombardiert, die israelischen Streitkräfte sind mittlerweile „tief im Inneren des Gazastreifens", wie man in den Nachrichten hört. Dort, im Gazastreifen, befindet sich auch ein entführtes Baby, Kfir Bibas, erst zehn Monate alt. Kein Tag vergeht, an dem ich nicht an ihn denke, an diesen zarten Säugling. Auch seine Mutter Shiri wurde nach Gaza verschleppt; ich hoffe so sehr, dass sie gesund ist. Was essen sie dort, unter der Erde? Wann wird man sie zu uns zurückbringen, wann wird Kfir Bibas wieder Tageslicht erblicken?

Auf den ersten Bildern, die in den Nachrichten veröffentlicht wurden, sah man Unmengen von Blut und keine Menschen. Blut an den Wänden der Kinderzimmer, auf den Bettlaken, auf den Spielsachen. Blut an den Haustüren und auf den Böden und auf den Gängen, die zu den Schutzräumen führen. Haus um Haus das gleiche Bild. Blut und noch mehr Blut und noch mehr Blut. Geronnenes Blut, dunkel, tiefrot. In den ersten Wochen standen viele Israelis Schlange, um in Krankenhäusern Blut zu spenden, bis offiziell dazu aufgerufen wurden, nicht mehr zu kommen, ausgenommen Menschen mit Blutgruppe 0. Mehr und mehr Blut wurde gesammelt. In meiner App steht, dass sich der Blutdruck in der elften Woche derart erhöht, dass es gut möglich ist, Hitze in den Füßen und Händen sowie verstärkten Durst zu empfinden. Haben sie Wasser, dort unter der Erde? Was tun sie, wenn sie durstig sind? Welches Wasser trinken sie dort? Die Alten, die Säuglinge, die Frauen und die Männer?

In den ersten Wochen hatte ich den Eindruck, dass mein Sohn nichts vom Krieg mitbekommt. Er ist erst zwei Jahre und fünf Monate alt – ich weiß, ich sollte sein Alter mittlerweile anders zählen; sollte sagen, dass er zweieinhalb ist. Aber in meinen Augen ist es einleuchtender, die Zeitspanne einer solchen Liebe in Monaten zu zählen. Wenn ich könnte, würde ich diese Zeit in Minuten oder Sekunden zählen, aber dieses Privileg habe ich nicht. Von dem Moment an, in dem der Luftalarm losgeht, haben wir neunzig Sekunden, um zum Schutzraum unserer Wohnung zu rennen; das ist genug Zeit, wir haben Glück, sind weit genug von Gaza entfernt. Mein Sohn bleibt jedenfalls immer absolut ruhig, ich hebe ihn hoch und nehme ihn mit in den Schutzraum; mein Partner zieht die Tür hinter sich zu, dreht die Türklinke nach oben, schließt ab. Mein Sohn ist überglücklich, wenn wir sein kleines Müllauto oder eines seiner Bücher mit in den Schutzraum nehmen, dann sitzt er auf dem Boden und hört der Geschichte mit großen Augen zu. Während ich versuche, die von draußen zu hörenden Geräusche zuzuordnen; versuche, das knallende Zuschlagen der Bunker- und Schutzraumtüren von den Explosionen und Einschlägen der abgeschossenen oder herabfallenden Raketen zu unterscheiden, fährt mein Sohn sein Müllauto vor und zurück, vor und zurück. Einmal, als die Sirene spät am Abend losging und wir ihn schon ins Bett gebracht hatten, wachte er erst auf, als wir schon mit ihm im Schutzraum waren, und freute sich sehr, uns alle beieinander zu sehen, in diesem kleinen Raum; er fragte, ob wir nicht bleiben und dort schlafen könnten, auf dem Boden. Die entführten Kinder in Gaza schlafen bestimmt auf dem Boden, ich hoffe, dass sie wenigstens eine Matte oder eine Decke haben, etwas, das sie ein wenig vor der kalten, feuchten Erde schützt. Wie schläft man überhaupt unter der Erde, lebende Menschen sind dafür doch nicht gemacht.

Die Leute erzählen davon, dass sie nicht mehr einschlafen können. Ihr Schlaf ist ihnen geraubt worden, so wie die Geiseln uns geraubt wurden, eine ganze Nation ist schlaflos. Ich bin dauernd müde, völlig erschöpft. Dazu gibt es eine physiologische Erklärung, mein Körper ist ständig damit beschäftigt, einen anderen Körper in sich zu formen. Aber auch davor habe ich immer wie ein Stein geschlafen. Mein tiefer Schlaf ist eine meiner Stärken. Ich bin kaum wachzukriegen, vor allem mitten in der Nacht. Für mich beginnt das Problem beim Aufwachen. Wie kann man mit dem Wissen, dass zweihundertvierzig Menschen unterirdisch gefangen gehalten werden, wieder einschlafen? Dort, in Gaza, ist auch ein vier Jahre altes Mädchen namens Avigail. Ihre beiden Eltern wurden massakriert. Ich kann den Gedanken daran, dass sie allein ist, nicht aushalten, bekomme keine Luft bei der Vorstellung, dass die kleine Avigail dort mutterseelenallein ist.

Zeit fühlt sich jetzt anders an. Sie vergeht noch immer – Minuten, Stunden, Tage –, aber sie hat eine andere Konsistenz, wie ein Material, das plötzlich seine Form geändert hat. Die neue Form ist fremd, entstellt, verzerrt. In meinem Studium der Ingenieurwissenschaften habe ich in der Festigkeitslehre den sogenannten Youngschen Modul gelernt, ein grundlegender Kennwert, der die elastische Verformung fester Materialien misst. Er zeigt die Flexibilität und die Steifigkeit eines Materials an, seine Widerstandskraft bei Belastung und das Ausmaß seiner Fähigkeit, wieder in den Originalzustand zurückzukehren. Gemäß dem Youngschen Modul ist ein Material bis zu einem bestimmten Punkt in seiner Form dehnbar und kann dank seiner Elastizität wieder zu seiner Ausgangsform zurückkehren. Aber wenn zu viel Kraft auf das Material ausgeübt wird, verformen sich die Moleküle und Atome langsam. Dann ändert das Material seine Form für immer, bis es sich in ein anderes Material verwandelt hat, in etwas ganz Unerwartetes, mit völlig anderen Qualitäten und Eigenschaften als zuvor.

Fast zwanzig Jahre sind vergangen, seit ich meinen Militärdienst beendet habe. Weniger als eine Woche nach meiner Freistellung flog ich los, auf eine lange Reise in Neuseeland und Australien. In den ersten Wochen in Neuseeland langte ich ab und zu fast geistesabwesend auf meinen Rücken, dorthin, wo einst mein M-16-Gewehr gehangen hatte. Nach ein paar Wochen gewöhnte mein Körper sich langsam an seinen neuen, unbewaffneten Zustand und verabschiedete sich nach und nach von den Angewohnheiten aus dem Militär, den Gesten, den Bewegungen.

Zwei Tage nach dem siebten Oktober, nachdem wir Tag und Nacht keinen Fuß vor die Tür gesetzt hatten, ging ich mit meinem Sohn für einen kleinen Spaziergang aus dem Haus. Als wir draußen waren, ermutigte ich ihn, Radzufahren und mit mir Fußball zu spielen. Er verlangte von mir, den Ball hoch über die Bäume zu werfen, bis zum Dach des Hauses. Meine Versuche, den Softball in die Luft zu werfen, brachten ihn so sehr zum Lachen, dass er beinah rücklings ins Gras purzelte. Außer uns war weit und breit kein Mensch zu sehen, jedes Geräusch eines vorbeifahrenden Autos ließ mich zusammenzucken.

In Gedanken spulte ich pausenlos alle möglichen Szenarien durch, was zu tun wäre, wenn die Sirene plötzlich losgehen würde. Es wäre nicht genug Zeit, um zurück in unser Haus zu rennen, das wusste ich, innerhalb von neunzig Sekunden würde ich das nicht schaffen. Die anderen Gebäude um uns herum waren abgeschlossen. Nachdem ich alle Möglichkeiten gegeneinander abgewogen hatte, kam ich zum Schluss, dass es das Beste wäre, sich auf den Boden zu legen und meinen Sohn nahe bei mir zu halten, vielleicht sogar unter mir, wenn irgend möglich. Einfach auf ihn draufspringen, so wie man auf einen Ball springt. Auf einmal schien mir die Handbewegung auf den Rücken, zum Gewehr hin, nicht mehr allzu fremd.

Eine Woche bevor mein ältester Sohn geboren wurde, gab es eine weitere „Runde" in Gaza. Es war Mai 2021, im ganzen Land kam es zu Ausschreitungen, und auch in Tel Aviv gab es Luftalarm. Ich bin mir relativ sicher, dass sie auch diesem Krieg oder dieser Operation einen offiziellen Namen gegeben haben, aber weiß nicht mehr, wie er lautete. Die Namen dieser Militäroperationen klingen alle gleich, als würde ein automatischer Wortgenerator sie ausspucken: *Eiserne Schwerter, Gegossenes Blei, Hüter der Mauern, Fels in der Brandung*. Jedes einzelne der Worte symbolisiert Stärke, aber wenn sie auf diese Weise zusammengesetzt werden, kommen dumme, bedeutungslose Namen heraus. Während einem dieser Kriege schrieb ich ein Gedicht, das so beginnt:

> Euch, die Regierungschefs,
> bitte ich:
> Nennt den nächsten Krieg
> nach eurem Namen.
> Ich hab die Nase gestrichen voll
> von nichtssagenden Namen
> wie Fels oder Eisen oder Berg.

2021 wohnten wir noch in einer anderen Wohnung, in der es weder einen Schutzraum noch einen Gemeinschaftsschutzraum für das ganze Haus gab. Der Nachbarschaftsbunker war an der nächsten Straßenecke, aber ich hatte Angst, bei Raketenbeschuss zu ihm zu rennen und in meinem schwangeren Zustand hinzufallen. Das Treppenhaus unseres Wohngebäudes war nicht überdacht, man konnte den Abschuss der Raketen durch den Iron Dome, das israelische Raketenabwehrsystem, sehen, die Feuerstreifen am Himmel. Während eines Luftalarms ging im gegenüberliegenden Gebäude eine Frau auf ihren Balkon und schrie, ohne dass man verstehen konnte, was. Trotzdem haben sich die Schreie bis heute in mein Gedächtnis gebrannt. Damals war ich schon Tage über den errechneten Geburtstermin hinaus, mein erster Sohn konnte jeden Moment auf die Welt kommen. Ich erinnere mich, dass ich dort im Treppenhaus stand und weinte, völlig aufgelöst, meinen runden Bauch festhielt und mein Baby anflehte, in mir zu bleiben. Nur so lange, bis der Krieg vorbei sein würde, bis die Sirenen verstummen würden.

Aus dem Hebräischen übersetzt von Lucia Engelbrecht

JUSTIN TRUDEAU
ODED CARMELI

So viele Male habe ich daran gedacht, fortzugehen. Kein einziges Mal dachte ich dabei an meinen Vater und meine Mutter. Einmal dachte ich an Amir, aber das war aus Versehen. Was für ein lustiger Gedanke, dachte ich dann. Nicht der Gedanke an Amir, sondern der Gedanke an einen versehentlichen Gedanken. Zig Mal habe ich darüber nachgedacht, wie man feststellen soll, was real ist und was nicht. Ein andermal habe ich gedacht: Von hier geh ich nie weg. Will heißen, hier werde ich sterben. Dann dachte ich: Es stirbt doch jeder an seinem Hier, wie auch immer es kommen möge. Und ein dritter Gedanke: Ist doch klar, dass alle dort sterben, wo sie sind, aber nicht alle Totgeweihten wissen, dass sie dort, wo sie sind, auch sterben werden. Im Gegenteil. Die wenigsten wissen es. Die meisten haben Hoffnung. Und immer haben sie Gedanken. Zum Beispiel: So viele Male habe ich daran gedacht, fortzugehen. Kein einziges Mal dachte ich dabei an meinen Vater und meine Mutter. Einmal dachte ich an Amir, aber das war aus Versehen. Und jetzt ist es sowieso zu spät dafür. Aus und vorbei. Ich glaube, ich kann sie hören. An was habe ich noch gedacht. Schnell, an was habe ich noch gedacht. Nicht an mich selbst. An mich selbst habe ich nicht gedacht. Dann denke ich, lustig, dass du an alle anderen außer an dich selbst denkst in dieser Notlage, in der du doch an nichts außer an dich selbst denken solltest. Meine Hand, denke ich, warum zittert sie nicht mehr. Und meine Lippen, warum zittern meine Lippen nicht mehr. Bin ich etwa in der Evolution steckengeblieben. Dann denke ich: Das ist ganz normal. Mich hat die Hoffnungslosigkeit befallen, wie man so schön sagt. Lieber an etwas anderes zu denken, während es geschieht. Sich in Gedanken flüchten. Nach Kanada flüchten. Schließlich habe ich so viele Male daran gedacht, fortzugehen. Ich hatte sogar Vorbereitungen dafür getroffen. Früher, da haben die Leute oft gesagt: *Irgendwann werd ich aufstehen und abhauen.* Und nach kurzem Innehalten wiederholten sie: *Einfach aufstehen und abhauen.* Heute sagen die Leute das nicht mehr. Ich weiß nicht, warum, aber es macht mich sehr traurig, ich muss fast weinen, weil sie es nicht mehr sagen, weil sie nicht mehr sagen, *irgendwann werd ich aufstehen und abhauen*, kurzes Innehalten, *einfach aufstehen und abhauen.* Und auch ich – wie alle anderen –, habe daran gedacht, fortzugehen. So viele Male. In Kanada zu leben, daran habe ich gedacht. Also damals, als ich darüber nachgedacht habe, fortzugehen, da dachte ich daran, in Kanada zu leben. Aber dann habe ich gedacht – ich kenne ja niemanden in Kanada. Soll heißen, ich kenne dort nicht nur niemanden persönlich, sondern ich kenne keinen einzigen kanadischen Menschen beim Namen. Außer Justin Trudeau, den kanadischen Premierminister. Und Amir. Lustiger Gedanke, Amir als Kanadier. Denke daran, schreien zu wollen: Hört ihr, ich hätte fortgehen können. Ich hatte die Mittel dazu, aber nicht ausreichend Willen. Denke, erklären zu wollen: Wisst ihr, ich hab mich dagegen entschieden. Obwohl ich ganz genau weiß, dass ich mich nicht dagegen entschieden habe. Sie sind jetzt sehr nah, direkt vorm Haus. Ich glaube, ich kann sie hören. Ich weiß, sie waren immer nah, aber jetzt sind sie plötzlich schrecklich nah. Ganz ohne Vorwarnung. Ich gebe keinen Laut von mir. Ich würde gerne eine Stellungnahme abgeben, denke ich, vielleicht sogar interviewt werden. (Von wem?) Ich würde gerne sagen, dass wir nicht vorgewarnt wurden. Als meine eigene Interviewerin ist es mir wichtig, das Publikum daran zu erinnern, dass wir den Alarm hier schon seit jeher gehört haben. Bin ich in Gedanken versunken? Das war ein Gedanke, das muss heißen, ich bin gedankenversunken. Früher sagte man „in Tagträume versunken". Aber in unserer Gegend sagt man schon lange nicht mehr „Sie ist in Tagträume versunken". Alle sind in ihren Gedanken, mit ihren Gedanken. In Kanada, habe ich gedacht, da versinkt man noch in Tagträume. Aber wenn ich versucht habe, mir jemanden vorzustellen, der in Tagträume versunken ist, habe ich ihn immer nur von außen sehen können. Wie in einer Stummfilm-Komödie. Der in Tagträume versunkene Mann läuft und läuft und läuft und knallt geistesabwesend gegen einen Laternenpfosten. Haut sich den Kopf an und fällt in den Schnee. Das Blut färbt alles rot. Mit Blut vollgesaugter Schnee, denke ich, ist schöner als mit Blut vollgesaugter Sand. So oder so, ich kann nicht sehen, was der Mensch denkt. In was er davor versunken war, meine ich. Dort, in Kanada. Will heißen, ich kann nicht sehen, über was man in Kanada nachzudenken hat. Über mich, vielleicht. Wenn Amir die Nachrichten schon gehört hat (wieviel Uhr ist es dort?), dann bin wahrscheinlich ich sein Tagtraum. Lustiger Gedanke, plötzlich zu einem Tagtraum zu werden. Dass jemand wegen mir in einen Laternenpfosten rennt. Ich glaube, ich habe den Rollladen heruntergelassen. Ich kann sie nicht sehen. Es ist nur eine Frage der Zeit, glaube ich, das heißt, eine Frage von Minuten oder Sekunden. Ich wiederhole mich (zum letzten Mal?): So viele Male habe ich daran gedacht, fortzugehen. Kein einziges Mal dachte ich dabei an meinen Vater und meine Mutter. Einmal dachte ich an Amir. Mehr als einmal, wenn man auch dieses Mal mitzählt. Das heißt, wenn man *jetzt* mitrechnet. Einmal hat mein Vater mit seinen guten Absichten versucht, mich vom Umzug nach

Kanada zu überzeugen. Er zog los (wohin? hierhin) und kaufte mir kanadische Dollar. Ausländische Devisen, wie das so schön heißt. Und ich dachte mir: Ich weiß nicht einmal, wer diese Leute auf den Geldscheinen sind. Denn wie gesagt, wie gedacht, ich kenne keinen einzigen kanadischen Menschen beim Namen, außer vielleicht Justin Trudeau. Und Amir. Fast wollte ich sagen: Und meinen Amir. Lustiger Gedanke: Mein Amir auf einem kanadischen Dollarschein. Nicht einmal Justin Trudeau ist auf einem drauf. Auf Geldscheine werden keine lebenden Personen gedruckt, auf der ganzen Welt ist das so. Das wars, mehr Vermutungen außer Justin Trudeau hatte ich nicht. Ich wollte von den Ideen meines Vaters nichts hören. Zu Recht, glaube ich. Voller Wut, erinnere ich mich. Haben die Kanadier keine Generäle, Entdecker, Heilige? Die sollten sie auf ihrem Geld abdrucken. Ich denke mehr an sie, als mir Sorgen um mich selbst zu machen, denke ich. Es ist so dunkel hier, wahnsinnig finster. Ich glaube, ich habe das Licht ausgemacht, oder ist es draußen etwa schon Nacht. Nicht wichtig. Sie können mich nicht sehen. Ich kann sie aber gut hören. Die trockenen, toten Blätter unter ihren

Schuhen, ihren Stiefeln. Und das Gebrüll. Wahrscheinlich Richtungsanweisungen, Instruktionen, Befehle. Genau das, was ich jetzt bräuchte, denke ich. Ich denke an Justin Trudeau. Denke, wo ist er jetzt wohl, Justin Trudeau, und wo bin ich. Nein, von hier werde ich nie mehr weggehen. Ihre Sprache ist fremd und bekannt zugleich. Ich verstehe nur einen Teil der Worte. *Komm*, oder *geh*. Und immerzu dieses *Yallah, Yallah. Yallah, Yallah.* Das lässt sich in etwa mit *Vorwärts, vorwärts* übersetzen. Lustig, ich bin doch hier zurückgeblieben. Hier hinten, wo ich versteckt bin. Jetzt werden die Schatten heller. Ich glaube, ich kann schwarze, längliche Paddel oder so etwas ähnliches erkennen. So viele Male habe ich daran gedacht, fortzugehen. Kein einziges Mal dachte ich dabei an meinen Vater und meine Mutter. Mehr als einmal dachte ich an Amir, aber das war aus Versehen. Ich glaube, sie sind hier. Ich weiß, dass ich es bin.

Aus dem Hebräischen übersetzt von Lucia Engelbrecht

VOR DEM MASSAKER
MAXIM BILLER

Ira aus New York saß hinter Anna und mir im ballsaalgroßen Frühstücksraum des King David Hotels in Jerusalem und redete laut über Tennisplätze, ein neues Haus, das er bauen wollte, und fünf Millionen Dollar. Er war vielleicht sechzig, sah aber jünger aus, wie ein sportlicher Fünfzigjähriger mit kleinem Bauch und der stählernen Konstitution der Nachkriegsgeneration. Und er trug, wie alle Männer und Jungen an dem großen runden Tisch, die ihm zuhörten, eine unauffällige Kippa, eine Jeans und einfache Turnschuhe. Es war der zweite oder dritte Tag von Sukkot, und das weltbekannte Fünf-Sterne-Hotel war voll mit Leuten wie ihnen.

„Ich hab' mir am Büffet zu viel Essen geholt", sagte ich zu Anna, die gerade mit einem riesigen French Toast kämpfte. „Ich will gleich im Garten eine Zigarette rauchen", sagte sie, „und dann noch mal schwimmen." „Soll ich heimlich meine beiden Croissants zurücklegen?" „Ich gehe jetzt", sagte sie, „überleg's dir." „Was?" „Ob du nachher mitkommst." „Ich war schon so oft bei der Klagemauer", sagte ich, „und an Gott glaube ich sowieso nicht." „Ja, leider."

Als Anna weg war, drehte ich mich zu dem gut gelaunten Mann hinter mir um und sagte auf Englisch: „Hi! So where do you guys come from?" Sein kleines stämmiges Gesicht verfinsterte sich. „Ich bin aus Berlin", fügte ich schnell hinzu, „aber eigentlich aus München und eigentlich aus Prag." „Wir kommen alle aus New York und Long Island", sagte er so laut, dass es alle an seinem Tisch hören konnten. Dann erzählte er mir von seinen Eltern und Großeltern, die sich in Polen vor den Deutschen verstecken mussten. Danach kam Amerika, wo Ira – wir hatten uns inzwischen vorgestellt – 1960 geboren wurde. „Mein Dad musste noch in Hoboken auf dem Schrottplatz arbeiten", sagte Ira bedeutungsvoll, mehr nicht.

Dass er selbst jedes Jahr an Sukkot für eine halbe Million Dollar zwei Dutzend Zimmer für seine riesige Familie im King David mietete, erfuhr ich erst später von einem der übereifrigen arabischen Hotelangestellten. „Wie sicher ist Amerika heute, Ira?" „Für uns?" „Für uns." „Ich weiß nicht, was aus meinen Kindern werden soll. Immer mehr Antisemiten links und rechts." „Ist Israel die Antwort?", fragte ich ein bisschen pathetisch. „Israel. Vielleicht. Ja."

Anna und ich waren einen Tag vorher mit dem Zug aus Tel Aviv für eine Nacht nach Jerusalem gekommen. Vom Bahnhof hatten wir ein Taxi nach Rehavia genommen, wo früher viele deutsche Juden gewohnt haben. Im Café Efraim wartete schon der Chef auf uns, den alle nur Efi nannten. Er war dünn, aber auch dick, und er hörte nicht auf, kleine Schalen mit Salaten und Soßen auf unseren Tisch zu stellen. „Jerusalem hat Seele", sagte er zwei-, dreimal hintereinander, „Tel Aviv ist nur voll mit Dreck und eingebildeten Leuten." Im Taxi zum Hotel bewunderte ich dann die ruhigen, klaren Fassaden aus Jerusalemer Sandstein, die Eleganz der Regierungsbauten und Museen, die sauberen Straßen. Ich dachte, Efi hat recht. Jerusalem ist das Paris oder Genf des Nahen Ostens, und ich hoffe nur, dass ich morgen nicht wie immer hier an der Klagemauer lande.

Und wie ging es am nächsten Morgen weiter? Nach der Zigarette und sechzehn Bahnen im langen, blau schimmernden Hotelpool, zog sich Anna schnell an und wir nahmen einen Wagen direkt zur Klagemauer. Nachdem sie sich rechts in der riesigen Frauenmenge verloren hatte – wie immer die Schönste von allen mit ihrem stolzen Kleopatra-Gang –, trottete ich nach links zu den Männern. Sie hoffte, dass sie beim Berühren der alten Tempelsteine wie schon vor drei Jahren etwas sehr Tiefes erleben würde. Ich hoffte, dass der Tag bald vorbei wäre und wir wieder in Tel Aviv auf unserem Balkon sitzen würden. Kurz darauf stand ich, geschützt vor der Septemberhitze, in der unterirdischen Synagoge am nördlichen Rand der Mauer, sah den Betenden zu und fragte mich, warum so viele von ihnen wie mein Vater mit Bart und Schläfenlocken aussahen. Plötzlich war ich ein paar Tausend Jahre alt, so wie die Männer und Steine hier, und als ich viel zu spät wieder draußen war und endlich in dem ganzen Menschenchaos Anna erkannte, wusste ich sofort, dass sie selbst nichts Besonderes erlebt hatte. „Warum lässt du mich so lange in der Hitze warten?", sagte sie wütend. „Scheißjerusalem", sagte ich, „ich glaube, ich hab' gerade angefangen, an Gott zu glauben." „Dann müssen wir aber schnell weg von hier", sagte sie und packte mich streng am Ellbogen.

Das alles war nur ein paar Tage vor dem großen Hamas-Pogrom gewesen. Hatte ich da schon die Bedrohung gespürt? In Tel Aviv nicht, aber in Jerusalem vielleicht. Mir war völlig klar gewesen, dass Ira aus New York niemals seine Kinder nach Israel schicken würde, weil seine Familie schon mal der Vernichtung in letzter Sekunde entkommen war, warum also wieder etwas riskieren – diesmal im Feuerring der Hisbollah-und Hamas-Raketen? Ich hatte genau registriert, dass der nette alte arabische Portier im King David, dass die zwei arabischen Studentinnen im feinen Van Ler Institute, die ich nach dem Weg fragte, nur so lange gegenüber Leuten wie mir friedlich bleiben würden, so lange wir stärker waren. Und dass es Gott doch nicht gab, wusste ich spätestens wieder, als Anna und ich in Tel Aviv auf dem Balkon die erste Zigarette des Abends rauchten. Sollte es ihn aber doch geben, denke ich gerade, hier, an meinem sicheren Schreibtisch in Berlin, am Zionskirchplatz, soll er sofort wieder die zehn Plagen über die Feinde Israels schicken. Wir haben sowieso schon zu lange nichts mehr von ihm gehört.

EINLADUNG AN DIE TRAUER
YAARA SHEHORI

Kommt und weint mit uns. Es ist noch Platz, hier, unter dem versengten Baum, neben dem zerstörten Haus. Genug Platz, im von Kugeln zersiebten Schutzraum, auf dem Feld, auf dem die reife Ernte am Stiel verfault. Hier werfen sich Mütter klagend zu Boden; hier lässt sich ein Bruder das Abbild seiner toten Schwester auf den Arm tätowieren; hier sind die jungen Menschen, die vor den Gewehrsalven flohen; sie und ihre letzten Nachrichten – *Wir sind hier, sie bringen uns um. Helft uns. Sie sind hier.* Hier wartet ein Vater auf seine Frau, auf seine Kinder, die ihm entrissen wurden.

Jemand putzt bereits die Häuser in Be'eri, in Kfar Azza, in Nir Oz. Schrubbt Blutflecken, fegt

Patronenhülsen zusammen. Und noch immer hetzen die jungen Menschen den Vögeln am Himmel nach. Sagen einander, die Vögel würden den Weg kennen, sie wüssten, wie man vor Gefahr flieht. Und noch immer hoffe ich, dass sie gerettet werden. An ihren Handgelenken die Einlassbändchen des Festivals. Einen Monat später kann man Solidaritätsbändchen kaufen. Das Festival geht weiter, die von Kugeln zerschossenen, rosa Beine; Helfer und Helferinnen, Überlebende, Ermordete, tote junge Frauen, die mit Leichen übersäte Plantage, die in den Häusern verstreuten Munitionshüllen. *Churban* – vollkommene Zerstörung. Langsames, verweilendes Töten. Die Geiselnahmen. Die Spuren der Verwüstung. Hier der Bus, auf seinen Sitzen die Alten, alle totgeschossen. Hier saßen wir und weinten.

Hier die Säuglinge. Über die Säuglinge will ich kein Wort sagen. Hier. Zu viele Geschichten wurden über dieses Land erzählt, zu viele Namen wurden ihm gegeben. Das Blut ist uralt, immer. Das Blut ist frisch, immer. Bei mir sind es nur die Augen, die vor Blut übergehen. Die Adern sind geschlossen. Und noch immer stehe ich an jenem Samstagmorgen in der Küche und höre die Nachrichten. Beginn einer *Schiwa*, von der wir uns nicht erheben können. Kleine Mädchen sehnen sich nach Zuhause. Kinder schlafen nicht ein. Schlafmittel. Beruhigungsmittel. Nur, wenn wir in Bewegung sind, sind wir okay. Mach etwas. Fahr. Sieh. Geh auf die Kundgebung. Steck dir eine gelbe Schleife an. Und noch eine. Wen soll das schon zurückbringen.

Wir rufen einander an. Wie kommst du klar, fragt die Freundin. Wie wir alle, sage ich. Plötzlich ist da ein Wir, aber niemand ist da. Wieder ein Samstagmorgen. Die Kinder aus den Kibbuzim und aus den Städten wachen panisch auf. Die Kinder, die sicher in ihren Betten schlafen, Betten, die nicht ihre sind. Die Kinder, denen man Versprechen gegeben hat. Die, die man noch trösten kann. Wie sollen sie uns nur vertrauen. Ist es einfacher, einzuschlafen und in einen Alptraum abzugleiten oder in einem aufzuwachen. Ein Mädchen ohne Augen nennt mich Mama. Ich erkenne sie, aber auch das ist ein Traum. Was wahr ist: Mehr Tote. Mehr Flaggen. Ein Mädchen fragt, wo ihre Schühchen sind. Warum man sie ihr weggenommen hat. Noch mehr zerrissene Fotos. Auf den Straßen der Städte halten Mütter ihre Kinder an den Händen, entweder behutsam oder aber viel zu fest. Auf den Straßen der Städte sehe ich die Gesichter. Ständig rieche ich Rauch. Rieche nichts. Samstagmorgen. Es ist noch immer Samstagmorgen. Die Zeit steht still. Der weiße Jeep der Hamaskämpfer ist noch immer unterwegs. Auf dem Boden liegen jungen Frauen, Männer. Angeschossen, erschossen. Der Tod tanzt um sie. Sie sehen die Stimmen. Sie halten die Tür zu. Da ist keine Tür. Wir sind die Frauen. Die Großväter. Die Jungen. Die Arbeiter. Die Feiernden. Die Tochter und ihr Vater. Der Sohn. Der Vater. Der einsame Mann. Das Orchester, das neben seinem Grab spielt. Das Orchester, das zu spielen aufgehört hat. Die Familien. Die Toten. Die Geiseln. Die Geiseln. Die jetzt gerade unter der Erde leben. Königreich der Todesschatten. Sind wir am Leben?

Das hier ist eine Einladung an die Trauer. Eine Einladung an den Kummer. Eine Einladung an den Staub, unsere Hände zu bedecken, damit unsere Finger Abdrücke auf allen Fenstern hinterlassen. Eine Einladung, sie alle beim Namen zu kennen. Kommt. Kommt zurück. Wir sind nicht wach, doch, wir sind wach. Das

Kind versucht, sich selbst zu zwicken und aus diesem Alptraum aufzuwachen, während seine Mutter den Türknauf festhält. Ich zögere: Sind wir am Leben?

Wir sind die Wartenden. Wir warten auf sie, so wie man uns beigebracht hat, zu warten. *El na refa na.* Bitte, heile uns. Eine Mutter singt ihrem entführten Sohn ein Wiegelied. Die Trauer ist auf die Erde herabgekommen, trottet dem Horror schweren Schrittes nach. Wir haben gelernt, wie man wartet, und haben es vergessen. Wir spähen aus dem Fenster. Wir, die jeder Lärm in Angst und Schrecken versetzt. Wir, die wir in Städten leben, in denen sich schlagartig mehr und immer mehr Waffen anhäufen. Um das zu beschützen, was schon nicht mehr ist, um nichts zu beschützen. Zu spät. Wir, die wir wissen, dass der Garten keinen Wächter hatte, dass der Rebstock ausgerissen, das Zuhause zerstört wurde. Unter dem Betonbalken, wie in der Höhle des Löwen, warten wir während des Luftalarms mit wunden Augen, eine Stunde, tausend Stunden. Auf unseren Tischen Brot aus Tränen, der Mund murmelt *Jetzt*. Lasst sie kommen, *jetzt*, alle, von groß bis klein, lasst sie kommen. Jede Stunde könnten sie zurückkehren, jede Stunde. Jeden Moment. Verbannt die Hoffnung nicht. Der Sohn einer Freundin sagte: „Vielleicht gibt es ein Wunder." Uns sind bereits Wunder geschehen. Ein Meer, das sich teilt. Ein Kind, das zurückkommt. Alle Kinder. Alle Menschen. Und ein Fluss aus Tränen umspült uns.

Aus dem Hebräischen übersetzt von Lucia Engelbrecht

KOLLISION
ARYEH ATTIAS

Vor vielen Jahren, auf der Straße von Malakka auf dem Weg nach Singapur, war ich als einer von drei jungen Matrosen in der Frühschicht eingeteilt. Das Meer lag ruhig und glatt wie ein Spiegel vor uns, die Sicht war ausgezeichnet, die Sonne spitzelte durch die Wolken und in der Luft hing der süße Geruch von Land. In weiter Ferne entdeckte ich ein Schiff, linksseitig unseres Bugs, vielleicht fünfzehn Meilen entfernt, das im Kollisionskurs auf uns zupreschte. Nachdem das Schiff sich links von unserem Bug befand, sollte ich, gemäß dem internationalen Seerecht, auf meinem Kurs bleiben, während er, der Offizier auf der Brücke des anderen Schiffs, frühzeitig eingreifen und uns in sicherem Abstand ausweichen sollte. Aber wenn es eines gibt, das ich hasse, dann ist das Däumchen drehen und warten, dass die andere Seite uns einen Gefallen tut und sich in Bewegung setzt, um eine Kollision zu vermeiden; vielleicht ist der andere Offizier dort ja im Kartenhaus beschäftigt und hat unser Schiff gar nicht bemerkt; vielleicht ist er auch ein Idiot und kennt das Seerecht nicht. Solche Fragen können einem einen so wundervollen Morgen vermiesen, also entschloss ich kurzerhand, den Kurs um ein paar Grad nach rechts zu ändern, nur ganz kurz, bis wir den Kurs des anderen Bootes geschnitten und es so abgeschüttelt hätten.

Wenige Momente später flog die Tür der Brücke auf und der Kapitän stürmte zu mir herein.

Scheinbar hatte er das herannahende Schiff durch das Fenster seiner Kammer beobachtet und war, als er den Kurswechsel bemerkt hatte, schnell auf die Brücke geeilt.

Was glaubst du, was du da tust?, polterte er und schmiss die Tür knallend hinter sich zu.

Ich hab den Kurs nur um ein paar Grad nach Steuerbord geändert, sagte ich, um diesen Idioten loszuwerden und danach gleich wieder den alten Kurs aufzunehmen.

Und was sagt das Seerecht in einem solchen Fall?, fragte er und rieb sich die Hände. Oder bist du etwa eingeschlafen, als sie euch das in der Schule beigebracht haben?

Laut Seerecht sollte er den Kurs wechseln; ich hab nur gedacht, das ist ein ziemlich grenzwertiger Fall, es wäre vielleicht besser, auszuweichen, wir sind fast Bug an Bug …

Nichts da Bug an Bug, schnitt er mich ab und zeigte auf das andere Schiff. Das hier ist Backbord, sagte er, also folg gefälligst dem Gesetz. Er befahl, auf den ursprünglichen Kurs zurückzukehren – das heißt, auf den Kollisionskurs.

Seelenruhig wartete der Kapitän ab. Als sich der Abstand zwischen den zwei Schiffen auf rund fünf Meilen verringert hatte, begann er, unruhig in seinem Stuhl herumzurutschen. Wenn keines der Schiffe seinen Kurs ändern würde, würden sie in ein paar Minuten kollidieren. Bei vier Meilen konnte er sich nicht mehr zusammenreißen – Warum dreht dieser Idiot nicht ab!, brüllte er und sprang auf die Beine, rannte zum Funkgerät in der Ecke, rief das andere Schiff auf dem Notrufkanal an und forderte es auf, den Weg auf der Stelle freizumachen, so wie es das internationale

KOLLISION

Seerecht verlange, aber es kam keine Antwort, also funkte er es wieder an, und währenddessen fuhren die Schiffe, an diesem schönen Morgen mit ausgezeichneter Sicht, weiter aufeinander zu, bis ein Punkt erreicht war, an dem eine Kollision unvermeidbar erschien – Ruder hart nach Steuerbord!, schrie der Kapitän mir zu, und ich, der ich schon hinter dem Steuer stand, bereit, jeden Befehl auszuführen, bemerkte in genau diesem Moment, dass der Bug des zweiten Schiffs sich langsam nach links zu drehen begann, so als hätte es uns zur Kenntnis genommen und das Steuer hart nach rechts gedreht; und hätten wir uns in dieselbe Richtung gedreht, wären wir todsicher kollidiert, also verweigerte ich den Befehl des Kapitäns, drehte das Steuer mit aller Kraft nach rechts, und die beiden Schiffe fuhren so nah aneinander vorbei, dass ich von Brücke zu Brücke hätte springen können.

Aus dem Hebräischen übersetzt von Lucia Engelbrecht

AUTORINNEN UND AUTOREN

ODED WOLKSTEIN ist Redakteur und Übersetzer. Er hat u. a. Werke von Edgar Allan Poe, Thomas Wolfe, Joyce Carol Oates und H. P. Lovecraft ins Hebräische übersetzt.

STELLA LEDER ist Mitbegründerin des Instituts für Neue Soziale Plastik und arbeitet für NGOs zu Antisemitismus, Gender und Rechtsextremismus, außerdem als freie Dramaturgin.

JOSHUA COHEN ist Autor von zehn Büchern. Sein jüngster Roman, *The Netanyahus*, wurde 2021 mit dem National Jewish Book Award und 2022 mit dem Pulitzer-Preis für Belletristik ausgezeichnet. Er lebt in New York City.

DROR MISHANI ist Schriftsteller und Dozent an der Fakultät für Literatur der Universität Tel Aviv. Er hat fünf Romane geschrieben, die in zwanzig Sprachen übersetzt und für Fernsehen und Kino adaptiert wurden.

AUTORINNEN UND AUTOREN

ELISA ALBERT ist Autorin der Romane *Human Blues*, *After Birth* und *The Book of Dahlia*.

MAAYAN EITAN ist Schriftstellerin. Ihr erstes Buch, *Love*, wurde 2020 auf Hebräisch veröffentlicht. Ihre Übersetzung ins Englische wurde 2022 veröffentlicht und mit dem National Jewish Book Award for Hebrew Fiction ausgezeichnet. Ihr zweites Buch, *Der Schrei*, wurde 2023 veröffentlicht.

ASAF SCHURR ist Schriftsteller, Übersetzer und Herausgeber sowie Autor von sieben Romanen. Sein Buch *Der Bär*, das 2023 erschien, beschreibt Israel in den Tagen nach einem katastrophalen Krieg.

TEHILA HAKIMI ist Dichterin und Schriftstellerin und hat fünf Bücher veröffentlicht. Ihr neuestes Buch, der Roman *Hunting in America*, wurde 2023 von Achuzat Bayit veröffentlicht.

ODED CARMELI ist Dichter. Er ist Herausgeber der Zeitschrift *Hava Lehaba* und Redakteur beim Hava La'or Verlag für experimentelle Literatur.

MAXIM BILLER ist ein deutscher Schriftsteller. Er wurde in Prag geboren und zog mit seiner Familie 1970 aus der Tschechoslowakei nach Deutschland. Sein letzter Roman, der Bestseller *Mama Odessa*, wurde von Leser*innen und Kritiker*innen gleichermaßen gelobt.

YAARA SHEHORI ist Schriftstellerin und Dichterin. Sie hat eine Reihe von Literaturpreisen gewonnen, darunter den Agnon-Preis. Die englische Übersetzung ihres Buches *Aquarium* wurde 2021 von Farrar, Straus und Giroux veröffentlicht.

ARYEH ATTIAS ist Seemann, Fischer, Tanker-Gutachter und in seiner Freizeit Karikaturist, der sich manchmal gute Geschichten einfallen lässt.

Herausgegeben von Oded Wolkstein und Maayan Eitan
im Auftrag vom The Israeli Institute for Hebrew Literature
in Kooperation mit dem Institut für Neue Soziale Plastik

Deutsche Erstausgabe
Titel der Originalausgabe: *Shelter. October 7th and after*,
2023

Die Deutsche Nationalbibliothek verzeichnet diese
Publikation in der Deutschen Nationalbibliografie;
detaillierte Daten sind im Internet über https://portal.dnb.de/
abrufbar.

© 2023 by The Israeli Institute for Hebrew Literature
© der deutschen Ausgabe 2024
Hentrich & Hentrich Verlag Berlin Leipzig
Inh. Dr. Nora Pester
Capa-Haus
Jahnallee 61
04177 Leipzig
info@hentrichhentrich.de
www.hentrichhentrich.de

Lektorat: Malte Gerken
Gestaltung: Gudrun Hommers
Druck: Winterwork Borsdorf

1. Auflage 2024
Alle Rechte vorbehalten
Printed in Germany
Printed in the E.U.
ISBN 978-3-95565-667-6